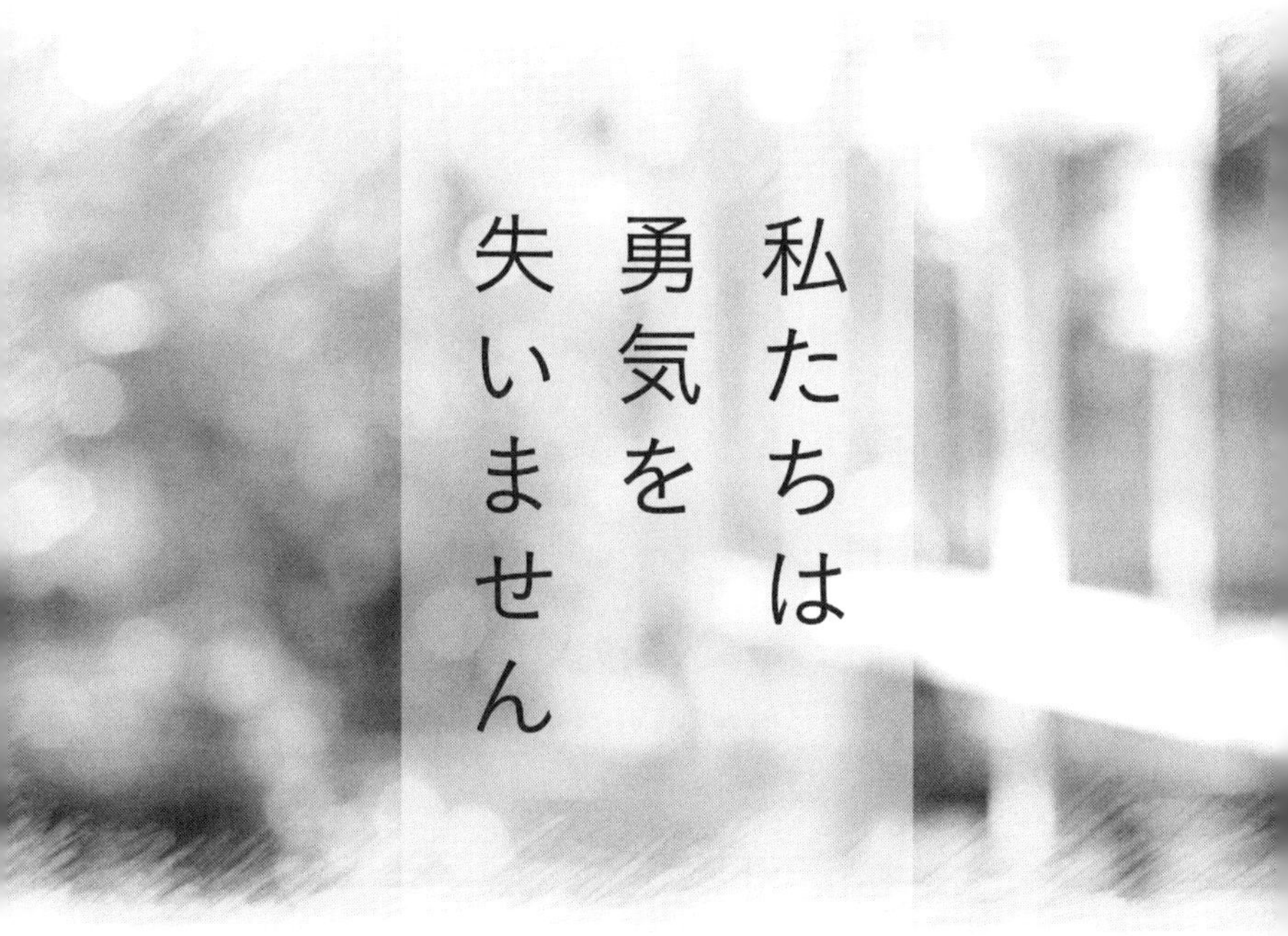

私たちは勇気を失いません

―病と闘う青年に宛てた41通の手紙―

内田和彦［著］

いのちのことば社

「ですから、私たちは勇気を失いません。たとい私たちの外なる人は衰えても、
内なる人は日々新たにされています。」

（新約聖書・コリント人への手紙第二、四章一六節）

はじめに

矢尾板俊介さんとのお交わりは一年程度の短い期間でした。東京でフランス料理のシェフとなり、二〇一二年群馬に戻って、充実した日々を過ごしておられることを、私がお仕えする教会（日本福音キリスト教会連合・前橋キリスト教会）の会員であるお母様からお聞きしておりました。その俊介さんがご病気、との知らせが入ったのは、二〇一四年十一月。心を痛めつつ、祈っておりましたが、年明けの一月に直接お会いしてお話しする機会が与えられました。そのとき、彼は「僕は神を信じていない」とおっしゃいました。

治療のため入退院を繰り返される俊介さんに、何とかイエス・キリストにある永遠のいのちの希望を知っていただきたいと思いました。そして浮かんだアイデアが、毎週一通の手紙を書くことでした。返信は期待できなくてもよい。とにかく毎週末書こう。そう心に決め、パソコンに向かうと、不思議なように、毎回書くべき言葉が与えられたのです。

「僕は神を信じていない」と率直に語られた俊介さんは、慎重で物事を深く考える青年でした。そこで、彼の疑問に、できるかぎり丁寧に答えようと思いました。神を信じることが、どれほど理にかなったことか、どれほど幸いなことであるかを、毎回テーマを絞って書き送りました。彼の心にある神についての疑問をイメージしつつ、聖書が教える神について説明を重ねていきました。

やがて俊介さんの心に変化が生じました。キリストを信じよう、神様を信頼しようという思いが芽生えたのです。そして、本人の希望に応え、ご自宅で洗礼式を行うことになりました。十一月二十一日のことです。俊介さんは自らの命の終わりが近いという現実を受け入れ、死後、自分が天の故郷に帰って行くのだという確信を持つに至りました。愛する息子を喪う悲しみに心が押しつぶされていたお母様を、逆に励ます俊介さんとなったのです。

洗礼を受けた後、一度だけ教会の礼拝に出席なさいました。しかし、容態は急に悪化。十二月十日、地上の命を終えて、天の御国に帰って行かれました。私からの手紙は十二月五日付の第四十一信が最後となりました。

俊介さんは三十七年で人生を終えました。長寿社会の日本では早すぎる死です。しかし、七十年、八十年生きようと、百歳を超えようと、私たちは例外なく命の終わりを迎えます。矢尾板俊介さん個人に宛てた書簡ですが、重い病を得ている方々、人生の最終段階を迎えている方々はもちろんのこと、若い世代の方々にもお読みいただければ幸いです。「私たちは勇気を失いません」という聖書のことばにたどり着いた道筋を、共にたどっていただけたら感謝です。

目次

本文イラスト＝長尾契子

第1信 「神を信じていない」と言われる俊介さんへ

矢尾板俊介様

天川大島町のお宅にお邪魔してから、あっという間に半月経ってしまいました。太田の病院に再入院なさって、抗がん剤の治療が始まったことを、お母様からお聞きしました。治療が効果をあげるよう、俊介さんの心身に力が与えられるようにと祈ります。

俊介さんと会える機会は限られているし、病院や自宅にお尋ねしても、体調がすぐれず、人に会うのはおっくうということも多いのではないか、どうしたものか、と思案していて、「そうだ、お手紙を書こう」という思いが浮かびました。手紙なら、いつでも好きな時に読んでいただけるかな、と思ったのです。そんなわけで、手紙をしたためています。

何から書いたらよいでしょうか。やはり、神について書きたいと思います。先日、俊介さんは、「僕は神を信じていない」とおっしゃいました。確かに、神がいるのかいないのか分からない、と多くの人は思います。「神がいるなら、見せてくれ」と言う人もいます。「神がいるなら、どうして祈りに答えてくれないんだ」「神がいるなら、どうしてこんな悲惨なことが起こるのか」と抗議する人たちもいます。今の俊介さんも、そんなお気持ちでしょう。

「イスラム国」に人質になった後藤健二さんは、結局殺害されてしまいました。戦乱の地で弱い立場にある子どもたちを必死で助けようとした、彼のようなジャーナリストを死なせていけない、という思いで、世界中の人たちが、彼が解放されるように祈りました。後藤さんはクリスチャンでしたから、世界中の教会にニュースが伝わり、大勢のクリスチャンが祈りました。でも、結局彼は死んでしまいました。「神様、どうして」と、私も思います。

数日前、私より若い、五十九歳の友人の訃報が入りました。正直、驚きました。今日の教育の現状を憂え、子どもたちに「読み聞かせ」をする運動、また、作家の三浦綾子さんの本の読書会を推進し、さらに、今日の日本が、昔のように戦争する国に向かおうとしていることに警鐘を鳴らして、日本中を駆け回っていた友人、今こそ、彼のような人が必要だと思っていた、その人が、(たぶん)病院の処置が適切でなかったために、肺炎で、あっという間に亡くなっていきました。私の心には、「神様、なぜ」という思いがあり、教会の月報にも「腑に落ちない」と書きました。今もそうです。

そのような思いがありながら、私は、それでも神を信じます。信じなければならない十分な理由があるからです。

俊介さんは「僕は神を信じない」と言いましたね。どうしてそのように言えるのでしょうか。不思議に思いませんか？　もし、神という存在を、まったく心に思い浮かべることができなければ、そもそも「神を信じない」と言うこともできません。

不思議なことに、私たち人間はだれでも、「神」という方を思い浮かべることができるのです。「神はいない、いるはずがない」という無神論者は、実は、最も強烈に、神の存在を意識している人々なのです。そうでなければ、「神はいない」と断定できません。不思議なことに、世界中のあらゆる国で、あらゆる文化において、あらゆる言語をもって、人は「神」という存在を語り、信じているのです。聖書によれば、それは、人間が神に造られたからです。しかも、他の犬や猫と違い、人間は「神のかたち」として創造されたと教えられています。

ですから、私たちの心には、神を思う心があるのです。「信じない」と言えるのも、そのような心があるからです。神を思う心はあるけれども、「信じたくない」「認めたくない」というのが現実の姿だと思います。

高校の倫理か何かの授業で、アウグスティヌスという人のことを習いましたか。西欧の思想の歴史に大きな影響を与えた人です。彼は若くして女性と同棲し、二十歳になる前に父親になってしまいます。哲学や修辞学という学問の教師になりますが、三十歳を過ぎるまで、キリスト教に疑問を抱き、他の宗教にひかれていました。その彼がクリスチャンになって、『告白』という有名な本を書きました。この書物の中で、彼は神に向かって、こう語っています。よく知られている言葉です。

「主よ。あなたは私たちを、ご自身にむけてお造りになりました。ですから私たちの心は、あなたのうちに憩うまで、安らぎを得ることができないのです。[*1]」

私たち人間は、富、快楽、名誉、成功といったもので自分の心を満たそうとしますが、そのようなものでは決して満たされません。一時的に嬉しくなっても、有頂天になることがあっても、本当の意味で満足しません。なぜなら、富や名誉といったものは、私たち人間が造り出すもの、人間以下のものだからです。人間は人間以下のものによっては、埋められない心の部屋があるのです。私たちは神のかたちに創造された特別な存在ですから、その部屋、その空洞は、人間より偉大な、ただひとりの方、神だけが埋めることができるのです。三十歳を過ぎてアウグスティヌスは、そのことに気がついたのです。

神を信じる理由はそれだけではありません。天地万物を創造した人格的な存在を信じることは、実にもっともなこと、理にかなったことだからです。俊介さんは、この世界、この宇宙が、どうして存在するようになったと思いますか。もし神が創造されたのでなかったら、どうしてできたのでしょう。残る可能性は「偶然」ということですね。この宇宙も、この地球も、そして俊介さんも「偶然」ここに存在しているということですね。

しかし、よく考えてみてください。今、俊介さんがおられる部屋の中にある一つ一つのもの。「偶然」に存在するようになったものがありますか。ベッド、椅子、枕、パジャマ、スリッパ、何から何まで、だれかが考案し、だれかがデザインし、だれかが造り出したものです。そうでなければ、それぞれの目的にかなったものが偶然に生じてくることはありません。それなのに、実に見事にできている、この宇宙、そして地球、私たちのいのち、私たちの体、それは「偶然」にできたと言うのですか？　俊介さんも偶然なのですか。そんなはずはありません。人間を構成するタンパク質一つとっても、それが偶然に生じてくる確率は（それを計算した人がいます！）、〇・〇〇〇〇〇〇〇……一なのです。ゼロが幾つついたでしょうか。実質的にゼロ％の確率です。

万物を創造した愛の神を信じることは、とても理にかなったことなのです。宇宙空間から地球を眺める経験をして地球に帰って来た宇宙飛行士の何人かは、熱心なクリスチャンになりました。地球を外から眺めたとき、心の中に神を強く意識した、というのです。

短く、と言いながら、長くなってしまいました。お許しください。もう少しお伝えして、終わりたいと思います。神は目に見えません。それは当然です。神は「物」、物質ではないからです。すべてのものを超越した存在です。物質ではない、霊的な存在なので、目に見えないのです。しかしまた、霊的な存在ということは、人格的な存在だということです。何しろ私たち人間の心も造られた方ですから、神ご自身、偉大な心をお持ちなのです。私たちに言葉を与えてくださった方ですから、神ご自身、私たちに語りかけてくださるのです。私たちの心に語りかけてくださるのです。

しかし、心を閉じていては、神からの語りかけを聞くことはできません。神が語りかけてくださっていても、心を閉ざしているなら、聞けません。耳に音が聞こえてこなくても、私たちの心にいろいろなことを語りかけ、示してくださるのです。

ですから、俊介さんにお奨めします。「僕は信じていない、信じられない」とおっしゃるでしょうか。それでいいのです。そのままでよいのです。小さな声を出してもよいし、出さなくてもよい、とにかく次のように「祈って」ください。

「神様、僕は信じていません。どのように祈ったらよいか分かりません。でも、もしあなたがおられるなら、僕に分からせてください。」

最後に聖書の中から、一つの言葉を引用して、お贈りします。

「主の御名を呼び求める者は、だれでも救われる。」（ローマ人への手紙一〇章一三節）

（「主」というのは神のことで、「主の御名」は、神ご自身ということです。）

また、お手紙を書きます。イエス・キリストのことや苦難、苦しみのことなど……。

何か質問があれば、お母さんにお尋ねくださっても、（お身体の調子が良ければ）私のほうにメールをくださっても結構です。

朝に夕に、俊介さん、お母様のために、ご家族のために祈っています。

二〇一五年二月七日

内田和彦

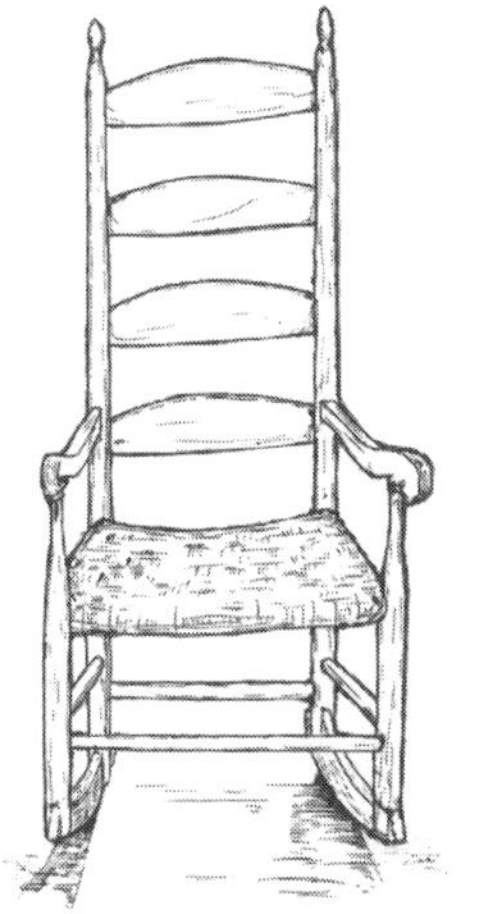

第2信　神に生かされているいのち――

矢尾板俊介様

一昨日の木曜日、自宅に戻られたことでしょうか。少し寒さが和らいでいましたが、昨日から再び寒くなりました。この一週間、どのような思いで過ごされたでしょうか。体がきつく、心も不安で揺れ動いたりして、つらい毎日を過ごしておられるのではないかと案じています。引き続き、治療が効果をあげることができるように、また、俊介さんの心身が強められるようにと祈りつつ、この第二信をお送りします。

先週、この宇宙を創造なさった神、地球を造り、人間を造り、人間の心を造られた神について書きました。その話をもう少し続けさせてください。

私は、見事な秩序、デザインを持った世界が偶然に生じてくる確率は、実質的にゼロだということをお伝えしました。

ある哲学者が、このようなことを指摘しています。

「……この世界は、物質で成り立っている。しかし、物質だけではない。『いのち』がある。ところが、どんなに長い時間を経過しても、物質が自動的に『いのち』に変化するわけではない。『いのち』が誕生するには、物質の世界を超えた働きかけが、どうしても必要だ。

さらに『いのち』だけではない。人間には『心』がある。しかし、どんなに長い時間を経過しても、『いのち』から『心』が自動的に生まれるわけではない。『いのち』があっても、そこから、考えたり、愛したり、悩んだりする『心』が発生するためには、もうひとつ、高度な働きかけが必要なのではないか、偉大な『心』をもった存在の働きが必要なのではないか。……」


第一信に書いた、宇宙空間に出て行った宇宙飛行士が、神を意識するようになった体験も、そういうことなのだろうと思います。つまり、「いのち」のない、物質だけの世界に身を置いて、「いのち」に満ちた地球を遠くから眺めたとき、「いのち」を持ち、さらに「心」を持った自分が、どれほど特別な存在か、意識せずにはいられなかったのでしょう。そして、その特別な人間を生み出し、支えている「神」という存在を、意識せずにはいられなかったのだと思います。宇宙空間は、「いのち」のない「死」の世界です。それだけに、いのちを持ち、心を持つ人間である彼らは、その心で、じかに神に触れたということなのでしょう。

俊介さんは、今、病気との闘いの中で、自分の「いのち」を真剣に見つめておられると思います。まさに、自分の心で、「いのち」の問題と格闘しておられます。その問題の解決は、物質的な存在としてのご自分を超えたところにあると思います。そして、人生の意味、生きる意味、そもそも「いのち」とは何なのかとか、そのようなことを考えていくことを通して、肉体の病とも闘っていくことができるのではないかと思います。

何だか、また理屈っぽい話になってしまいましたね。ごめんなさい。今日は、二つの言葉を紹介して、短く終わりたいと思います。

一つは星野富弘さんの言葉です。俊介さんは富弘さんのこと、ご存じですよね。中学校の体育教師になって二か月後に、宙返りに失敗して頸髄損傷の重傷を負い、奇跡的に命を取りとめたものの、肩から下が麻痺して重度の障がい者になった富弘さん。一度は人生に絶望した富弘さんですが、やがて、自分のいのちが、「神に生かされているいのち」であることに気がつき、クリスチャンになりました。そして、生きる喜びを知り、筆を口にくわえて、素晴らしい絵と詩を書くようになった富弘さんですが、その詩の一つに、こんなものがあります。やはり「いのち」がテーマです。

いのちが一番大切だと
思っていたころ
生きるのが
苦しかった

いのちより
大切なものが
あると知った日
生きているのが
嬉しかった[*2]

もう一つは、新約聖書のヨハネの福音書一四章六節にあるキリストの言葉です。

「わたしが道であり、真理であり、いのちなのです。
わたしを通してでなければ、
だれひとり父のみもとに来ることはありません。」

神が俊介さんにご自身を現し、病の中にあってもなお生きる喜びを与えてくださるようにと祈りつつ。

二〇一五年二月十四日

内田和彦

第3信　私たちに寄り添ってくださる神、キリストにおいて――

矢尾板俊介様

その後、いかがでしょうか。お母様から、少し食べられるようになったと伺いましたが、俊介さんの心と身体に、日々、力が与えられるようにと祈っています。

これまでのお手紙を通して、俊介さんは、「神」という存在について少し理解を深めてくださったでしょうか。それとも、ますます分からなくなったでしょうか。両方かもしれませんね。私が知ってほしかったのは、一言で言えば、宇宙を創られた偉大な知恵と力をお持ちの神を信じることは、まったく理にかなったことだということでした。

しかしまた、――ここからが新しいことですが――そのように偉大な方でありながら、神は、私たちと個人的に深く関わってくださる方なのです。

この広大無辺の宇宙を創造し、ＤＮＡをデザインした方であり、物質的な世界を超越した方であれば、「私たちを高い所から見下ろしておられる神」というイメージを、私たちは抱きます。ところが事実は逆で、まるでこの世界に「この私しか存在していない」かのように、私たち一人ひとりと深く関わってくださる方なのです。

よく、世界の諸宗教を唯一神教と多神教に分けることがあります。それで、キリスト教やイスラム教やユダヤ教は「唯一神教」で、ひとくくりにされるのですが、それは厳密に言えば、聖書の教えの一部しか見ていない不十分な理解です。確かに唯一の神です。しかし、キリスト教はそれで終わりではありません。唯一の神であるだけでなく、「三位一体の神」なのです。私たちの世界を超越した偉大な創造神というだけでなく、私たちと同じ一人の人間となって、歴史の中に登場し、人として苦しみに満ちた人生を文字どおり生きた、イエス・キリストという方も神でいらっしゃるのです。

「三位一体」の教えは、人間の理解を超えたところがありますので、またまた俊介さんの頭脳に大きな負荷をかけることになるかもしれませんが、とても重要なので、避けて通ることはできません。特に、今の俊介さんにとって大切なことだと思います。

イエス・キリストは「わたしを見た者は、神を見たのだ」と言われました。私たちは、キリストのうちに、「私たちとともにおられる神」を見ます。神は「私たちを高い所から見下ろしておられる神」ではなく、「私たちのところに来てくださった神」、「私たちのかたわらに寄り添ってくださる神」である、と気がつくのです。

ところで、もしも、神が一人の人間となって、私たちの世界に誕生したとすれば、さぞかし、恵まれたリッチな環境に誕生なさるだろう、と私たちは想像します。二千年前ですから、ローマ皇帝の息子とか、エジプトのクレオパトラの息子とか、絹の衣に包まれ、何の不自由もなく人生を送るのではないか、と想像します。富や権力をもって、栄光を誇示するのではないか、と想像します。

しかし、イエスという方は、ごく普通の貧しいユダヤ人として誕生しました。まだ小さいときに命をねらわれ、エジプトに難民となって逃れました。ナザレという村で、大工として汗を流して働き、人として生きる労苦を味わいました。三十歳の時に、人々の前に現れ、公の活動を開始しました。病を癒やし、人生の重荷を背負ってあえいでいる人々に、神を信頼して生きるよう励ましました。人々は、この方こそメシア（神に油注がれた救い主、という意味で、この語のギリシア語訳がキリスト）に違いないと思いました。ただし、人々が期待したのは、自分たちをローマ帝国の支配から解放してくれる政治的軍事的なリーダーとしてのメシアでしたから、やがてそうではないと分かったとき、離れて行った人々もいました。そして、当時のユダヤ人社会を牛耳っていた宗教的指導者たちから、ねたまれ、危険視され、ついには命をねらわれることになりました。実際、彼らの手で捕らえられ、「ローマに謀反を企てた人物」として、支配者であるローマの総督の手で、「十字架刑」で殺されることになったのです。イエスは、逃れることもできましたが、そうしませんでした。むしろ、苦難にあうことに自分の使命があると信じて、恐ろしい十字架への道を進んだのです。三十三歳の時のことです。

このようにして、十字架で惨めな死を遂げた方が「救い主」だなんて、本当は信じられない話ですよね。でも、クリスチャンとは、まさに「イエス・キリストの十字架の死は、私のためだった」と信じる者たちなのです。

イエスのそばにいた弟子たちも、初めは分かりませんでした。自分たちの先生が十字架で無残にも殺されたとき、大部分の弟子たちは逃げてしまいました。そのような彼らが、イエスこそ救い主、神が人になられた方と信じることができたのは、イエスが三日目に復活し、彼らに現れたからです。イエスの遺体を納めた墓は空になっていました。よみがえられたのです。このよみがえり、復活がなかったら、キリスト教なるものは、今、世界に存在していないでしょう。

復活したイエスに会って、弟子たちはまったく変わりました。あの臆病な弟子たちが、死を恐れずに「イエスは十字架で、私たちのために死なれた救い主、三日目によみがえられた救い主です」と語り始めたのです。そのために、弟子たちの多くが殺されることになりました。それでも、「イエスはよみがえられた。私たちは復活したイエスにお会いした目撃者だ」と語り続け、その結果、ローマ帝国内で、クリスチャンが増え続けて、やがてローマの国教にまでなるのです。一握りの弟子たちの集団が、今や二十億近い人々になったのです。

そのようなわけで、神は、「私たちを高い所から見下ろしておられる神」ではなく、「私たちのかたわらに寄り添ってくださる神」なのです。自らを十字架の苦難に渡された方ですから、私たちの弱さや苦しみをご存じです。復活された方ですから、目には見えませんが、共にいてくださるのです。聖書には「主（キリスト）は、ご自身が試みを受けて苦しまれたので、試みられている者たちを助けることがおできになるのです」と書かれています。

キリストが十字架で死に、復活なさったことによって、私たちは救われ、神のもとに帰ることができるようになったというのが、聖書の基本的な教えですが、次回はその点をもう少し説明したいと思います。

毎日、俊介さんのために祈っています。

内田和彦

二〇一五年二月二十一日

第4信　試練を通して大切な何かを

矢尾板俊介様

その後、いかがでしょうか。その日によって、比較的良い時も、そうでない時もあるのではないかと想像しています。悲しいかな、私たちは、体が弱ると、心も弱ってしまいます。俊介さんも心が弱ることがあるでしょう。そのような時に、早く気持ちを建て直すことができるようにと祈ります。

初めに、いきなりですが、富弘さんの詩を思い出しました。

冬があり夏があり
昼と夜があり
晴れた日と
雨の日があって
ひとつの花が
咲くように
悲しみも

苦しみもあって
私が私になってゆく[*3]

悲しみや苦しみがないほうが良いに決まっている、と私たちは思います。確かに苦しまないですめば、それに越したことはありません。しかし考えてみると、私たちが大切なものを得るのは、多くの場合、悲しみや苦しみを通してなのです。私自身も六十八年の人生を振り返ってみて、思います。自分が人間として成長させられたのは、楽な時期ではなく、むしろ苦しい経験をした時なのです。

でも、病気をすると、やはり不安です。思い煩います。聖書の中にこんな言葉があります。

「あなたがたの思い煩いを、いっさい神にゆだねなさい。
神があなたがたのことを心配してくださるからです。」　（ペテロの手紙第一、五章七節）

「神があなたがたのことを心配してくださる」と言われても、ピンと来ないかもしれません。むしろ、「心配してくださる」のなら、病気を治してくれたらよい。良くならないなら、「心配してくださる」なんて言えないのではないか、という疑問が浮かんでくるかもしれません。

確かに、「神は何もしてくださらない」と思うようなことは、ときどきあります。病気だけでなく、様々な苦しみ、困難を取り去ってくださらないのはどうしてか、と思うのです。しかし、そのような時はたいてい、後になって、苦しみ、困難があったから、今の私があると思うようになります。最初に記した詩で、富弘さんが言おうとなさったことも、そういうことなのでしょう。

病気とは別のことですが、今から十年ほど前に、私は苦しい経験をしました。「どうしてこんな思いをしなければならないのか」と思うような経験でした。しかし、今よく分かります。あの経験がなかったら、私は、今の私はなかったということが分かります。そもそも、前橋教会の牧師にはなっていなかったでしょう。あの経験があったからこそ、自分が握りしめていたものを手放すことができました。そして、心が自由になったのです。自分が惨めになる経験でしたが、それで得たものは貴重なものでした。

ですから、神様のなさることは不思議です。私たちが願うとおりに動いてくださいません。しかし、私たちの考える最善ではない、もっと良いものを与えようとして動かれる方なのです。あえて言えば、すぐに苦しみを取り去らないことで、良いものを私たちにもたらしてくださるのです。聖書にこんな言葉があります。

「すべての懲らしめは、そのときは喜ばしいものではなく、
かえって悲しく思われるものですが、後になると、

これによって訓練された人々に平安な義の実を結ばせます。」

（ヘブル人への手紙一二章一一節）

「懲らしめ」とありますが、試練とか、訓練、しつけ等とも訳せる言葉です。人生の試練はつらいことですが、後になって、不思議な平安を経験することになるというのです。試練のただ中にあっては、そうは思えないのですが。

ともあれ、重い病気を負っていても、神から見捨てられたと思う必要はなく、むしろ、人生において本当に大切な何かを神が与えようとしておられる、と考えることができるのです。

最後にもう一つ、富弘さんの詩をお贈りして終わります。

痛みを感じるのは
生きているから
悩みがあるのは
生きているから
傷つくのは
生きているから
私は今　かなり生きているぞ*4

毎日、俊介さんのために祈っています。
今日という一日が、かけがえのない一日になるように、現在の治療が効果をあげるように、
俊介さんの心に力と平安が与えられるように。

二〇一五年二月二十八日

内田和彦

第5信　人格的な神、人格的な信仰

矢尾板俊介様

その後、いかがでしょうか。昨日は片柳先生がお宅にお邪魔しましたので、教会に戻られてから、俊介さんの様子を伺うことができました。俊介さんが私のささやかな手紙を喜んでいてくださると伺い、嬉しく思いました。ほっとした気持ちで、この第五信に向かっています。

俊介さんに手紙を書くときは、いつも前にお送りした手紙を少し振り返りながら考えます。祈りつつ考えます。考えつつ祈るのです。そのようななかで、心に浮かんできたことを書かせていただきます。今日もそうです。

多くの方々は、神に祈るとか、神を信じるとかいうことについて誤解をしておられます。神を「呪術的に」信じるのです。いきなり、おどろおどろしい言葉を持ち出しましたが、「呪術的」というのは、神から何かパワーをもらうとか、「このお札を持っていると良いことがある」とか、「事故に遭わない」といった考え方をすることです。つまり、お札、お経、呪文といったものを手がかりにして、神仏からパワーを得ようすることです。それを「呪術的」と呼ぶのです。

キリスト教信仰は、「呪術的」ではなく、「人格的」な信仰です。人格的な信頼、交流です。

私たちの心が、神という偉大な人格に触れるのです。「祈りつつ考え、考えつつ祈る」と言いましたが、道を歩いていても、車を運転していても、夜中に目を覚ましても、心を神に向けてやりとりするのです。それは、運命を味方につけるとか、パワーを引き出すということと違います。自分の気持ちをそのまま神に伝え、神が教えてくださることを受け取るのです。人格的なつながり、交わりです。

神は目に見えない方ですし、(ときには、神秘的な経験をするクリスチャンもいますが)普通は神さまの声が聞こえてくることはないでしょう。しかし声は聞こえなくても、神に心を向けると、何かが変わります。すぐには分からなくても、やがて変化に気がつくこともあります。神との関わりは人格的な関わり、心のつながりですから、私たちの心に何か変化が起こるのです。焦る気持ちや不安な思いで祈っているうちに、焦りや不安が消えていることもあります。事態は少しも変わらなくても、それに向き合う勇気が湧いてくることもあります。すぐに解決できなくても、待とうという思い、忍耐が与えられることもあります。ふとアイデアがひらめくこともあります。ですから、祈りは決して「一方通行」ではないのです。

一年半ほど前、私は少々困っていました。というのも、私たちの教会は、大勢の人が集まり、活動も多岐にわたるので、数人の有給スタッフが必要なのですが、二年の約束で働いていてくださった副牧師が、間もなく任期を終えるところまで来ていたからです。後任は、だれでも良いわけではありません。いろいろと祈り考えました。若干、「この人は」と思う人に当たりました。しかし先約があり、ダメでした。かくして弱り果てていたのですが、ある日、心に浮かんできたのが、何度か元旦礼拝に来ておられた、かつての伝道師、片柳先生でした。前後して、家内の心にも「片柳先生なら」という思いが浮かんでいました。二、三週間、「もし片柳先生が前橋教会にお招きする人であるなら、先生の心にもその思いが与えられるように」と祈った後で手紙を送りました。片柳先生は、当時札幌の神学校の教師をしておられました。私の手紙が届く日の朝の集まりで、先生は、「神に聞くように」と心に促され、昼間のチャペルで、同じことを心に感じたそうです。その日の午後、私の手紙が届き、不思議に思いました。その数日後、ある講演を通して、神学校ではなく、教会の働きに就くようにと、神から語りかけられていると感じたそうです。

神は万物を創造した偉大な方です。そのような方が、私たち一人ひとりと個人的に関わってくださるのです。この世界に「私」という人間しかいないかのように、この「私」に目を留めてくださっているのです。片柳先生や私たちだけではありません。俊介さんにも目を留めてくださっています。この世界に、矢尾板俊介という人しかいないかのように、俊介さんに一〇〇%目を留めてくださっているのです。不思議なことですね。

ただし、私たちクリスチャンはいつでもそのような確固とした信頼を神に寄せていて、どんなことがあっても動じないかというと、正直言って、そうでもありません。不安になったり、迷ったり、疑ったりすること、どうしたらよいか分からなくなったりすることもあります。しかしそうなったら、神との関係はおしまいかというと、決してそうではありません。神は私たちの弱さを知っておられるので、そんなことで私たちを見捨てたりはなさいません。「神は愛である」ということは、そういうことです。

旧約聖書のイザヤ書四九章一五節というところに、次のような言葉があります。

「女が自分の乳飲み子を忘れようか。
自分の胎の子をあわれまないだろうか。
たとい、女たちが忘れても、
このわたしはあなたを忘れない。」

母の愛は本当に素晴らしいものです。子育てに疲れた母親の育児放棄で悲劇も起こることがありますが、本来は、自分の子どものことをいつも心にかけ、子どもが幸せに生きることを願う、それが母の愛です（父もそうですが！）。そのような母の愛はいったいどこから生まれたのでしょうか。それは、まさに愛の神が与えてくださったものなのです。ですから、「女たちが自分の子を忘れても、このわたしはあなたを忘れない」と神は言われるのです。

聖書の神は、徹底して人格的な神です。人格の極致は「愛」です。親の愛がそうであるように、何でも願いをかなえてくれるとか、自分の思いどおりにさせてくれるのが愛ではありません。むしろ、私たちにとって真に良いことを願い、計ってくださるのが愛です。ですから、ときには私たちの願ったとおりにしないことで、私たちに良いものを与えてくださることもあります。真の愛は厳しい愛であるのかもしれません。

最後に、新約聖書のヨハネの手紙第一、四章七〜八節の言葉を紹介しましょう。

「愛する者たち。私たちは、互いに愛し合いましょう。愛は神から出ているのです。愛のある者はみな神から生まれ、神を知っています。愛のない者に、神はわかりません。なぜなら神は愛だからです。」

続けて俊介さんのために祈っています。十二日、来週の木曜日に再入院ですね。治療が効果をあげるように、俊介さんの心と体に神さまが働いてくださるように祈っています。

二〇一五年三月七日

内田和彦

第6信　イエスの不思議

矢尾板俊介様

三寒四温、行きつ戻りつしながら、春はやって来ます。寒暖の差が大きい季節ですが、今週また太田に行き、どのような日々を過ごされたでしょうか。来週初めには、自宅に戻るとのこと、昨夕お母様からメールで知らせていただきました。心身ともに強められ、薬がベストの働きをしてくれるようにと祈ります。

今朝、目を覚まして、俊介さんのことを考え、思い巡らすなかで、いくつかのことが浮かんできました。その中から今回も書いてまいりましょう。イエス・キリストという方のことです。

ある人が「キリスト教はキリストです」と言われました。心にイエス・キリストという方がおられます。この方を知り、この方の言葉を読み、この方の生涯に触れるとき、私たちの心は平安と勇気を得、私たち自身が変えられていく経験をします。決まりきった言い方ですが、私たちはイエス・キリストを信じ、イエス・キリストに従い、イエス・キリストに寄り添うというより、寄り添ってもらい、人生を歩んでいきます。どうして「この方」なのでしょうか。私は、二十年前に『イエスの生涯』という本を出版させていただきましたが、その序文で次のように記しました。少し長いのですが、そのままコピペしたいと思います。

「今からおよそ二千年前、パレスチナの北部ガリラヤのナザレから出、三十年余りの短い一生を送り刑死した人物、イエスほど不思議な人はいないでしょう。十字架という残虐な方法で殺された人間はあまたいたのに、彼だけが歴史に名をとどめています。それも、どのような権力者や哲学者にもまさる影響を人類に与えたのですから不思議です。

大教団を組織したわけでもなく、大伽藍を建立したわけでもありません。およそ富や権力からかけ離れたところに生きていました。また一握りの平凡な弟子たちとわずか三年ほど生活を共にし、町や村を巡りました。そして最後は都エルサレムで捕えられ、無力な囚人として死んだのです。

それなのに、彼は救い主として信じられ、数え切れないほど多くの人が彼を人生のより所としてきました。しかも単に偉大な預言者、優れた教師ということではなく、『神』として崇められ、『主』として礼拝されてきたのですから、不思議です。

偉大な人間が死ねば『神』として祭ってしまう日本人の社会と違います。神と人との間には絶対的な断絶があると確信するユダヤ人の中から、イエスを神とする者たちが出てきたのですから、ますますもって不思議です。

ある人は『神話』や『伝説』として片づけようとします。しかし、そのようなものが普通発生してくるには一定の時の経過が必要ですが、イエスについて証言する四つの福音書の伝承は目撃者がまだ生存していた時代に成立しています。それに、弟子たちは事実を事実として重んじる姿勢を示しています（たとえば後に教会の最高指導者となったペテロでも、失敗は失敗として記されているといった具合に）。

確かにイエスは、見たところ私たちとまったく変わらない一人の人間でした。それでいながら、彼のことばと行動は、彼が人間以上の存在であったことを示しています。しかも、どこかで神から啓示を受けたとか、悟りを開いたとか、神秘的な体験をしたとかいうことでなく、初めから当然のようにして、自らが特別な存在であるとしているのですから不思議です。

もし私たちに身近なだれかが、イエスと同じように語り、行動したなら（本当に同じようにできるかどうか疑問ですが、仮にできたとすれば）、何かの理由で精神の異常を来したと思うでしょう。あるいはとんでもないぺてん師として退けるでしょう。

しかし、イエスをそのように退けることはできません。彼の人格は柔和で謙遜、冷静沈着で愛に満ち、まったくバランスがとれています。その教えはいかなる道徳の教師にもまさる優れた洞察と叡知に満ち、人をひきつけてやまない真実さがあります。

本当に不思議です。不思議なことがまだまだ出てきそうです。ですから、このくらいにして本題に入ることにしましょう。この不思議な人物、イエスという方が結局何者なのか、読者の皆さんに自分で答えを出していただくことにいたしましょう。」

もし、この本『イエスの生涯』をお読みになりたければ、たぶんお母様がお持ちでしょう。三百頁余りの本ですので、「ちょっと重たいな」と思われれば、コンパクトにイエス・キリストを紹介した小さな本、『「キリスト教は初めて」という人のための本』もあります。こちらもお母様の書棚にあるでしょう。

何だか、本の紹介で終わってしまいそうですが、最後に、キリストの言葉をいくつか紹介したいと思います。

「すべて、疲れた人、重荷を負っている人は、わたしのところに来なさい。わたしがあなたがたを休ませてあげます。」

(マタイの福音書一一章二八節)

「あなたがたは真理を知り、真理はあなたがたを自由にします。」

(ヨハネの福音書八章三二節)

「あなたがたは心を騒がしてはなりません。神を信じ、またわたしを信じなさい。わたしの父の家には、住まいがたくさんあります。もしなかったら、あなたがたに言っておいたでしょう。あなたがたのために、わたしは場所を備えに行くのです。わたしが行って、あなたがたに場所を備えたら、また来て、あなたがたをわたしのもとに迎えます。わたしのいる所に、あなたがたをもおらせるためです。」

（ヨハネの福音書一四章一〜三節）

苦しみの中にある俊介さんですが、その苦しみを通して、人生の最高の宝物が得られるようにと祈っています。星野富弘さんもそうでした。もちろん、言葉には言い表せない苦しみ、つらさがあると思います。しかし、それを通してこそ得られる何かがあるのです。次回、もう少しイエス・キリストのことを書きたいと思います。

内田和彦

二〇一五年三月十四日

第7信　ありのままで愛され、受けいれられている安心——

矢尾板俊介様

月曜日に退院して来られて、自宅で過ごす日々、いかがでしょうか。心身が強められ、病を克服していく力が与えられるようにと、続けて祈っています。

明日は、春分の日ですね。毎年この日は、私たちの教会が所属しているプロテスタント教会のグループの北関東地区の総会があって、朝から出かけます。そういえば、昨年は俊介さんのお母様にも代議員として参加していただきました。私たち前橋キリスト教会は、「日本福音キリスト教会連合」と呼ばれるグループを形成しています。北は北海道、南は沖縄まで、二百近い教会があり、群馬、栃木、茨城（西部）、埼玉にある二十幾つかの教会で、北関東地区というものを構成しているのです。

前に書きましたように、キリスト教の世界は人格的なものを大切にします。神ご自身が偉大な人格だからです。また、その神を、二千年前、歴史に登場したイエス・キリストという方が、その優れた人格をもって私たちに現してくださったからです。ですから、教会という「組織」を構成し、運営する際も、一人ひとりの意志を尊重します。これも前に書いたと思いますが、神は私たちをロボットのように造ることはせず、私たちに自由意志をお与えになったのです。

ですから、強制的に従わせるとか、戒律を機械的に守らせるといったことはなく、一人ひとりの自発的な参加によって成り立つのが教会なのです。

聖書を通して、イエス・キリストという方を知っていくと、私たちの心は自由にされていきます。心を縛りつけているプライドとか、劣等感とか、偏見、焦り、思い煩いといったものから解放され、自由にされる経験をします。先週、「すべて、疲れた人、重荷を負っている人は、わたしのところに来なさい。わたしがあなたがたを休ませてあげます」というイエスの言葉を紹介しましたが、心に「安息」を得るのも、心にのしかかってくる重荷から解放されるからでしょう。

クリスチャンは、自分が、ありのままで愛され、受けいれられていることを実感します。もちろん、私たちは、仕事をはじめとする日々の営みの中で、いろいろと努力します。必死に頑張ることもあります。クリスチャンになったから、何もかも成功するわけではなく、失敗したり、上の人から叱られたりすることもあるでしょう。でも、神は私たちを、ありのまま愛し、受けいれてくださるのです。

「ありのままで、神に愛され、受けいれられている」という確信を持つことは、「他の人から何を言われようと、俺はこのままでいいんだ」と開き直ることではありません。しかし、絶対的な方、私たちのいのちの営みを支えてくださっている神から「ありのままで愛され、受けいれられている」と分かると、真の意味で、より良い自分自身、より良い仕事を生み出していこう、という力が生まれてくるのです。

子どもは、たとえ失敗しても、うまくいかなくても、お父さんやお母さんは自分を受けいれ、認めて、愛してくれると思うと、難しい課題、困難な課題にも、意欲的に挑戦していくものですが、それと似ています。そのような愛を親に与えてくださったのも、神ですから、当然なのですが。

ともあれ、この世界のすべてのものを創造された神が、私たち一人ひとりと、個人的に関わり、私たちに寄り添ってくださるのですから、これほど確かなこと、安心なことはありません。

しかし、そのような神の愛について話を聞いても、そう簡単に受けいれるわけにはいかないでしょう。このような神を、ずっと知らずに生きてきた方々にとっては、「突拍子もないこと」のように思われるでしょう。無理もありません。泳いだことのない人、他の人が泳いでいるのを見たことのない人が、「水の上に仰向けになっても、大丈夫、浮くよ」と言われても、「そんなことできるはずがない」と思うのと似ています。

せめて、私たちが水の上に浮く姿をお見せして、「大丈夫」ということを信じていただこうと思います。もっとも、私たちが水の上に浮いている姿を、美しくお見せできなかったり、浮いているのに余計な動きをして、水を飲んでしまったりして、見苦しい姿に、「やっぱりダメじゃあないか」と思われてしまうかもしれませんが……。

イエス・キリストの周囲には、様々な問題を抱えていた人たちが集まって来ました。彼らは、

「立派な人たち」というよりは、当時の宗教的な人々からはさげすまれていたような人たちでした。そうした彼らが、イエスのもとに来て、重荷を降ろすことができたのです。それはイエスの愛に満ちた人格に触れたからでした。

しかし、イエスという方が「救い主」であるということは、そのような愛に触れさせてくださったということだけではありません。イエスはもっと重要な問題を解決してくださったのです。それは、私たち人間の「罪」の問題の解決でした。来週はそのことについて書きたいと思います。私たちの心に潜む罪責感が解決しなければ、本当の意味で、重荷を降ろすことができないのです。

今日は少し短いのですが、この辺で失礼します。最初に記したように、いつもお手紙を書く土曜日が、会議で出張となりますので、一日早くお便りします。祈りつつ。

内田和彦

二〇一五年三月二十日

第8信　キリストが十字架で死なれた理由――

矢尾板俊介様

今週は後半、気温が上がりました。寒暖の差が大きいと体調の管理が難しいですね。私も珍しく風邪を引いて、今朝からティッシュペーパーの大量消費者になっています。花粉症ではないと思いますが。俊介さんは、昨日は病院に行かれたのでしたね。心と体に、病を克服していく力が与えられるようにと祈り続けていきたいと思います。

明日の日曜日から一週間、教会暦（教会のこよみというものがあるのです）では、「受難週」となります。イエス・キリストが十字架で死なれた週なので、そのように呼ぶのです。レオナルド・ダ・ヴィンチの絵で有名な「最後の晩餐」は、木曜日の夜です。その晩餐の後、捕らえられ、ユダヤ人とローマ人の裁判にかけられ、死刑を宣告され、金曜日の午前中に十字架に架けられ、息を引き取り、同じ日の夕刻、墓に葬られます。そして、日曜日の朝、復活するので、今度の日曜日、四月五日が「復活祭」、イースターということになります。そのようなわけで、教会では、木曜日～日曜日、普段と違う集まりがいくつか持たれます。

クリスチャンは、そのように十字架で処刑されたイエス・キリストという方を「救い主」と信じています。しかし、俊介さん、十字架で殺された人間を救い主と信じるなんて、不思議だと思いませんか。「不思議」というより、「馬鹿げたこと」ですよね。実際、新約聖書の中に、こういう言葉があります。

「私たちは十字架につけられたキリストを宣べ伝えるのです。ユダヤ人にとってはつまずき、異邦人にとっては愚かでしょうが、しかし、ユダヤ人であってもギリシヤ人であっても、召された者にとっては、キリストは神の力、神の知恵なのです。」

（コリント人への手紙第一、一章二三〜二四節）

十字架で処刑された者が救い主なんて、天地がひっくり返っても思わないでしょうね。実際、ユダヤ人にとっては、十字架で処刑された者は「神にのろわれた者」でした。またギリシア人やローマ人（ユダヤ人たちは、彼らを「異邦人」と呼んでいました）にとっても、鞭で打たれ、手足を釘で打ち抜かれた囚人は、無力で惨めな人間以外の何ものでもありませんでした。

しかし、そこに神の不思議な知恵があった、とパウロは書いているのです。

「目が見たことのないもの、
耳が聞いたことのないもの、
そして、人の心に思い浮かんだことのないもの。

神を愛する者のために、
神の備えてくださったものは、みなそうである。」

（コリント人への手紙第一、二章九節）

キリスト教というものが、人間が考え出した宗教であるなら、まさか、十字架で殺された人を「救い主」だと宣言することはなかったでしょう。

さて、それにしても、どうしてキリストは十字架で死なれたのでしょうか。答えはいくつかあります。一つは、当時のユダヤ人の宗教的指導者たちが、自分たちの特権を脅かす危険人物だと判断し、何としても殺さなければならないと思ったためです。

彼らは自分たちの宗教裁判所のようなところで、「イエスは自分を神とした。神を冒瀆する人物だ」ということで、死に値すると判定を下しました。しかし、ローマ帝国が支配していた当時のパレスチナでは、自分たちの手で死刑を執行することができませんでした。それで、ユダヤ人たちは、駐留していたローマ軍の司令官である「総督」、ピラトという人のところにイエスを連れて行き、「イエスは、自分は王だと言っている。ローマ帝国にとって危険人物だ。だから十字架で処刑すべきだ」と訴えました。ピラトは、自分が得ていた情報からイエスが危険人物ではないと分かっていたので、最初は釈放しようとしましたが、結局はユダヤ人の要求を容れることになりました。頑固なユダヤ人たちの主張を退けたら暴動が起こり、総督である自分の立場が危うくなると考えたからです。

こうした宗教的、政治的な理由で、イエスが十字架につけられることになりましたが、聖書は、もっと深い理由があったと語るのです。イエスの直弟子のリーダー的存在だったペテロはこう書いています。

「(キリストは)自分から十字架の上で、私たちの罪をその身に負われました。それは、私たちが罪を離れ、義のために生きるためです。キリストの打ち傷のゆえに、あなたがたは、いやされたのです。あなたがたは、羊のようにさまよっていましたが、今は、自分のたましいの牧者であり監督者である方のもとに帰ったのです。」

(ペテロの手紙第一、二章二四〜二五節)

また、パウロという人もこう述べています。

「神は、罪を知らない方を、私たちの代わりに罪とされました。それは、私たちが、この方にあって、神の義となるためです。」

(コリント人への手紙第二、五章二一節)

キリストが十字架で苦悶の死を遂げられたのは、ひと言で言えば、「私たちのためだった」と述べているのです。私たちの代わりに罪人として苦しみを受けられたというのです。私たちの罪を、その身に負い、私たち自身が受けなければならない苦しみを、代わりに受けてくださったというのです。

このことを理解していただくためには、私たちの罪とか、私たち人間が「罪人」であるとかいうことを説明しなければなりませんね。それはまた、来週にします。「罪人」は、ザイニンではなく、ツミビトと読みます。

先週も最後のところで、私たちの「罪」の問題を解決してくださった、という意味で、イエスは「救い主」だと申し上げました。罪の解決のため、イエスは十字架で死なれたのです。罪の問題が解決しなければ、私たちは本当に安心することはできません。逆に、この問題が解決するなら、私たちは、安心して人生を生きることができます。

どのようなことがあっても、救い主イエス・キリストが、共にいてくださることを、俊介さんが知ることができるようにと祈っています。今はまだ分からなくても、近い将来、必ず、神ご自身がお教えくださるようにと……。

内田和彦

二〇一五年三月二十八日

第9信　すべての罪が赦され、新しいいのちに生きる――

矢尾板俊介様

ここ数日、好天が続き、桜も週の半ばには満開となっていましたが、今朝は雨になりました。体調はいかがでしょうか……。「受難週」は、金、土と「早天礼拝」というものがあり、すでに「ひと仕事」終えた後ですが、朝食をすませ、まずは俊介さんにお手紙をと思い、机に向かっています。

さて、先週の続きから。前からお伝えしてきたと思いますが、神は、私たちをロボットとして造られたわけではありません。神の思いどおりに動く、機械的に動くのであれば、そこには自由意志はありません。人格はありません。自由意志がなければ、「愛」は成り立たないからです。神は、私たちを人格的な交流ができる存在として、つまり、愛と信頼の関係を結ぶことができる存在として創造されたのです。

自由意志がなければ愛は成り立ちません。しかしまた、自由意志があるということは、愛を裏切ること、信頼を不信に換えることもできることを意味します。そして、残念なことに私たち人間は、まさに後者を選択してしまいました。

私たちは、生まれて物心がついて、どこかで、「神を信頼することをやめよう。神を愛することなどナンセンスだ」と、自分で判断したわけではありません。私たちは、生まれながらにして、（神を求める心がありながら）神を信頼しても仕方ない、信じられるのは自分だけだ、神がいるかどうかだって分からないではないか、という思いを抱くのです。神を無視して生きる結果、（心の中で、そうであってはいけないという思いもありますが）傲慢になり、自己中心に生きることになります。自分の思いどおりにならないと腹を立て、自分の失敗に惨めになり、成功することがあれば有頂天になります。特に、何かうまくいかないことがあると、他の人のせいにします。責任をだれかに転嫁するのです。

このように、神との関係が断絶した状態、それが「罪」です。生まれながらにして、だれかから教えられたわけでもないのに、自分勝手で自己中心になります。これを「原罪《げんざい》」といいます。このような私たちの罪の結果、愛し合って結婚したはずのカップルが憎み合うようになり、仲の良かったはずの兄弟が親の遺産をめぐって争い、他の人の物を盗んだり、自分の身を守ろうとして嘘をついたりもします。最悪の場合には人の命をさえ奪います。個人だけでなく、集団で争えば、武力衝突となり、戦争にもなります。

こうして私たちは、創造主である神の期待を裏切ってきました。しかし、神はそれでも私たちを見捨てることをなさいませんでした。神に背を向け、神から離れてしまった私たちを、神との交わりに回復するために、イエス・キリストという救い主を遣わしてくださいました。神ご自身が身を低くして一人の人間となって、私たちと同じ人間となり、本当は私たちが受けなければならないはずの、罪に対する報いとしての苦難をお受けになったのです。それがキリストの十字架の苦難です。その身代わりの犠牲によって、私たちは罪を赦していただき、神との新しい関係に生きることができるようになったのです。

愛はイコール、犠牲を払うことです。子を愛する親は、自分の子のために、自分がしたいことを我慢してでも、子が必要としていることをしようとします。深い友情に結ばれている人たちは、自分がしたいことを我慢してでも、友だちが必要としている助けを提供するでしょう。まさに、キリストは私たちが必要としていた罪の償いを、私たちに代わってしてくださったのです。すべては神の愛の現れです。新約聖書のヨハネの手紙第一という書物の四章七～一〇節に、こう記されています。

「愛する者たち。私たちは、互いに愛し合いましょう。愛は神から出ているのです。愛のある者はみな神から生まれ、神を知っています。愛のない者に、神はわかりません。なぜなら神は愛だからです。神はそのひとり子を世に遣わし、その方によって私たちに、いのちを得させてくださいました。ここに、神の愛が私たちに示されたのです。私たちが神を愛したのではなく、神が私たちを愛し、私たちの罪のために、なだめの供え物としての御子を遣わされました。ここに愛があるのです。」

罪は「借金」にたとえることができます。私たちは罪という借金を積み重ねてきました。自分で返すことは到底できません。多少は良いことができても、それ以上に、悪いことをしてしまうからです。そのような私たちに代わって私たちの借金を返してくださったのが、救い主キリストです。キリストは罪＝借金のない方、むしろ、人々を愛し、正しく生きられた方なので、「貯金」があり、私たちの借金の肩代わりをしてくださったというわけです。

このようなキリストの身代わりの死によって、十字架の犠牲によって、私たちはすべての罪が赦され、新しいいのちを生きることができる、と聖書は教えています。神とともに生きる、人間本来のあり方を回復するのです。この神との交わりの回復によって、私たちは「安心して」人生を生きることができます。自分のいのち、自分という存在が、神の御手の中にあると分かるので、安心なのです。生と死をつかさどる絶対的な神から愛されている安心感、それは何ものにも換えられません。

それにしても、あのむごたらしい悲惨な十字架の死に、そのような意味があり力があると、どうして分かったのでしょう。実際、イエスの弟子たちも、最初は分かりませんでした。イエスが十字架につけられたとき、彼らは自分の身を守るために逃げてしまいました。十字架は、彼らにとっても惨めな敗北の死にほかなりませんでした。

ところが、そのような彼らが五十日ほどして、一変した姿で人々の前に現れました。彼らは見事に変わっていました。自分たちも捕らえられ、鞭で打たれ、殺されるのではないかと恐れていた彼らが、迫害も投獄も、死さえも恐れない者たちに変わっていたのです。彼らは人々の前に立って、「あなたがたが十字架につけて殺したイエスを、神は死からよみがえらせました」と語りました。弟子たちは、復活したイエスと再会し、イエスの十字架の死が人間の罪を負って苦しまれた犠牲の死であることを教えられたのです。

キリスト教はこうして始まりました。全世界に広がりました。残念ながら、日本は特別にクリスチャン人口が少ない国です。だから、クリスチャンになるには勇気が要ります。しかし、神が私たち人間に与えてくださっている救いを受けいれずして、私たちはどこに人生の拠りどころを得ることができるでしょうか。俊介さんにも受けいれていただきたいと思います。

次回は、復活について、もう少し説明したいと思います。引き続き俊介さんのために祈っています。

内田和彦

二〇一五年四月四日

第10信　イエスの復活を信じる根拠

矢尾板俊介様

どうも、すっきりしない曇天の毎日ですね。俊介さんにとっても、心曇らせることの多い、いや、それどころか嵐のような半年だったでしょう。でも、昨日の検査の結果、良かったですね。厚い雲の合間から日が少し射したという感じでしょうか。さらに心が晴れる日の来ることを、願い、祈ってまいりましょう。

先日、火曜日、俊介さんと直接お話しでき、幸いでした。一時間余り話して、少々お疲れになったかと思いますが、大丈夫だったでしょうか。俊介さんが率直に質問をしてくださって、感謝します。様々な問いかけを通して、俊介さんが、私がこれまで書き送ってきたことをよく考え、的確に理解なさっていることを知ることができ、嬉しく思いました。

そのときにもお話ししましたが、信じる決断は、結婚の決断と似ています。しかし、永遠に関わる重要な決断ですから、数十年の人生に関わる結婚以上に重いことです。ですから、ＴＶのコマーシャルではありませんが、「よ〜く考え」決断していただきたいと思います。クリスチャンになるということは、書類を出すとか、入会金を払うとかいうことではなく、神に対して心を開くことです。祈ることとも言えるでしょう。たぶん、俊介さんはすでに祈っておられるでしょう。半信半疑でも祈っておられるでしょう。心を少し開かれた、そんなところでしょうか。疑問もあるでしょうが、お話ししたように、あってよいのです。あって当然でしょう。キリスト教信仰は、妄信、盲信、軽信ではありません。

さて、先週の続きで、復活のことをもう少しお伝えしましょう。確かに復活は不思議なことです。仮死状態というのはありますが、本当に死んだ人間は生き返るはずがありません。実は厳密に言うと、イエス・キリストの場合も、死んだ体そのものが生き返ったのではありません。復活したイエスは、鍵が掛かっていた部屋の中に、忽然と現れたり、目の前から一瞬にして姿が見えなくなったりしたようです。一緒に歩いていながら、イエスであると分からなかった、そんな経験をした弟子たちもいます。

明らかに主イエスは、私たちとは異なる「からだ」、物質的な肉体とは違う「からだ」によみがえったのです。十字架につけられたときに、釘で打ち抜かれた、その傷を見せることができましたし、弟子たちが幽霊を見ているのではないかと怖がっているのを見て、彼らの前で燻製の魚を食べたりもしていますから、私たちのからだと共通している面と、私たちの肉体と異なっている面、その両方があったと思われます。

自然を超えた、「超自然的な」力というものを信じない人にとっては、復活は信じがたいでしょう。しかし、火曜日にお話ししたように、とにかく、この世界、私たち人間を含む物質的な世界がどうして生まれてきたのか、創造者という存在を抜きにしては説明ができません。そして、もしこの自然界を創造した方がおられるなら、その方は自然の法則に縛られませんから、一人の人を復活させることは少しも難しくありません。それが難しかったら、そもそもこの世界を造ることなどできなかったでしょう。

さて、もう少し別の角度から、復活を考えてみましょう。一つの問いを立てることにします。「もし、復活が起こらなかったとしたら、キリスト教なるものは誕生しただろうか」という問いです。

イエスが十字架で殺されたとき、弟子たちは逃げてしまっていました。イエスの亡骸《なきがら》を、岩をくり抜いて作った大きな横穴に納めたのも、直弟子たちではありませんでした。墓の場所を確認し、日曜日の朝、遺骸に香料を塗るため墓に行ったのは、女の人たちでした。男の弟子たちは身を隠していたのです。女性たちから、イエスの墓が空っぽであること、イエスは復活したと天使から聞いたという報告を受けても、「そんな馬鹿な」「何を愚かなことを言っているのか」と、弟子たちの多くは相手にしませんでした。

そのような弟子たちが豹変したのです。その時から五十日近く経って、彼らは、あれほど恐れていたユダヤ人の権力者たちを前にして、「あなたがたが十字架につけたイエスは、復活した。私たちはその目撃者だ。神はこの方を救い主とされたのだ」と語り始めたのです。その確信は揺るぎないものでした。その証拠に、弟子たちのうちのある者たちは捕らえられ、鞭で打たれ、牢にも入れられましたし、一人の弟子は間もなく石で打ち殺されましたが、それでも彼らは語ることをやめませんでした。

イエスの遺骸を納めた墓は空でした。そして、弟子たちは復活したイエスと会い、教えを受け、食事を共にしました。その結果、彼らは完璧に変わったのです。復活の証拠は三つあります。第一に「空の墓」、第二に「多くの目撃者の存在」、第三に「弟子たちの劇的な変化」です。イエスがよみがえられなかったら、これらの事実は、どのようにして説明できるのでしょうか。女たちが墓を間違えたのだとか、弟子たちのイエスを慕う思いが「イエスは復活した」という信仰を生じさせたとか、様々な説明が試みられてきましたが、どれも説得力を欠いています。

要するに、イエスが復活しなかったとしたら、キリスト教の起源を説明することは困難だということです。復活を信じないことよりも、信じることのほうが、はるかに理にかなっているのです。

さて、もしイエスが復活なさったとすれば、このイエスこそ、私たちの救い主であることは明らかです。私たちにとって大問題である、「死」を克服なさった、ただひとりの方です。この方をほかにして、どこに私たちの救い主を見出すでしょうか。釈迦も、ムハンマドも、孔子も、最澄も、空海も、日蓮も、親鸞も、みな死に呑み込まれていきました。ただ、イエス・キリストだけが死を乗り越えられたのです。

イエスが、最後の晩餐の席で弟子たちに語られた言葉を紹介して、第十信を終えたいと思います。ヨハネの福音書一四章一〜三節というところに記されている言葉です。

「あなたがたは心を騒がしてはなりません。神を信じ、またわたしを信じなさい。わたしの父の家には、住まいがたくさんあります。もしなかったら、あなたがたに言っておいたでしょう。あなたがたのために、わたしは場所を備えに行くのです。わたしが行って、あなたがたに場所を備えたら、また来て、あなたがたをわたしのもとに迎えます。わたしのいる所に、あなたがたをもおらせるためです。」

俊介さん、このイエス様を信じましょう。信じてください。
この手紙は投函せず、明日お渡しします。もし、来られなければ、お宅にお届けします。

内田和彦

二〇一五年四月十一日

第11信　三位一体の神、人間の理解を超えた神

矢尾板俊介様

春の嵐ということでしょうか。水曜日ほどではなかったのですが、今日も風が強かったですね。病院の中におられると、あまり分からないかもしれませんが。それに太田と前橋では、結構気候が違うようですね。赤城おろしは、やっぱり前橋が一番と聞いています。

再開した治療が、さらに効果をあげていくように、俊介さんがそれに耐える力を与えられるようにと続けて祈っています。

十九日の日曜日は、よく来てくださいました。二階のギャラリーでお母様と一緒に座っておられる俊介さんの姿を、下から拝見し、嬉しく思いました。でも、初めてのことばかりで、戸惑ったり疲れたりしたのではないでしょうか。礼拝の後、本当は疑問にお答えしたかったのですが、大勢の人たちと挨拶したり、見送ったりするものですから、ゆっくりお話しできず、ごめんなさい。いつも、あんなふうで、個人的にゆっくりお話ししたい方には、改めて平日とか週末とかに来ていただいています。

でも、俊介さんには、こうして手紙が書けるので、おっしゃっていた質問にお答えしましょう。たしか（礼拝で唱和する使徒信条の中で）「キリストが神の右に座し」といった言葉があ

ったけれども、「キリストが神なら、神が二人いるのか」といった疑問でしたね。

答えは、神が三位一体だということにあるのですが、私の小著『「祈りは初めて」という人のための本』をお読みになりましたか。

聖書は、徹底して「神はただひとり」「唯一の神」ということを教えている一方で、イエス・キリストも、キリストが「天の父」と呼ばれた神も、そして神の霊（「御霊」とか、「聖霊」とか呼ばれています）も神、つまり三つの区別される存在として、神がおられることを明らかにしているのです。

これは人間の合理的な思考の枠には収まりません。そのため、三位一体に疑問を持つ人は「1＋1＋1＝3ではないか。1＋1＋1＝1」であるはずがないと論じます。しかし、よく考えてみれば、神が「1」という数字で表されるのか、はなはだ疑問です。もしあえて数字で表すとすれば、「∞」で表現すべきでしょう。そうであれば、「∞＋∞＋∞＝3∞」とはなりません。「∞＋∞＋∞＝∞」となります。

そもそも神は無限の存在です。なにしろ、この広大な宇宙を創造された方、ミクロの世界も設計なさった方ですから、その知恵と力は測り知ることができません。一方、神という方を心に思い巡らす私たち人間は、有限な存在です。私はすでに高齢者になり、本当に人生は束の間だと実感しています。どちらかといえば多くの本を読んできたと思いますが、それでも読破できた本は、この地球上に存在する本のごくごく一部にすぎません。私たちの身体のことも、地球環境のことも、動物や植物のことも、天体のことも、自分が知っていること、理解していることは、実にわずかです。

イギリスの大学で博士論文を書いていたとき、こんな経験をしました。読む必要のある書物を読んでいくと、そこに多くの書物や論文からの引用があります。そこで、引用されていた文献に当たると、そこにまたたくさんの文献が挙げられているのです。そこで、それらを入手して読んでいくことになります。あるときに気がつきました。読めば読むほど、読まなければならないものが増えていく。知れば知るほど、自分が知らない世界が広がっていく。自分の知識がいかに限りあるものであるかを教えられました。

私たちは発想の一大転換をする必要があります。万物を創造した偉大な神がおられるなら、私たちの理解の枠に収まるはずはないことを自覚する必要があります。もし神が私たちの理解の枠に収まるとすれば、それこそ、私たち人間が都合良く「こしらえた」神、ということになるでしょう。「三位一体の神」という教えは、私たちの理解を超えています。だからこそ、人間の頭の中で考え出した神ではないのです。

私はよく、聖書の教える神は「が」の神ではない、「を」の神である、と言います。人間「が」考え出した神ではない、人間「を」造られた神、それが聖書の神なのです。

さて、もう一つ「神の右に座し」という表現自体も説明が必要ですね。古代において（近年までそうですが）王様のいる世界では、王座の右に座るのは、王の権威を代行する者でした。

そこから生じた比喩的な表現が「神の右に座し」なのです。二千年前、一人のユダヤ人として生きたイエス・キリストという方は、あくまでも私たちと同じ人間として生きたのですが、復活の後、神としての権威を持ち、この世界、私たちの人生に関わってくださるということなのです。

実は、このことを、明日の礼拝でお話しします。入院しておられなければ、お誘いするところですが。そこで、明日の週報に掲載する説教要旨をコピペします。

ヘブル人への手紙一章は、キリストが真に神であると語る箇所の一つです。特に二〜三節で、世界の創造者、万物の保持者、相続者であり、「神の本質の完全な現れ」「神の栄光の輝き」であると教えています。復活の後、大能の神の右の座に着き、神としての権威を行使しておられるのです。神と等しい方、いえ、真の神でいます方なのです。

二章は、その方が私たちと同じ一人の人間になられたと語ります。私たちを「兄弟」と呼び（一一〜一二節）、ご自分を私たちと同列に置かれたキリストは、血肉の体をお持ちです。飢え、疲れ、渇き、傷つき、なんと死ぬ者とさえなられました。しかし、まさしくその死によって、悪魔という、死の力を持つ者を滅ぼされたのです（一四〜一五節）。罪の赦しと永遠のいのちが与えられている私たちを、悪魔はもはや死の恐怖で脅かすことができないからです。自らをなだめの供え物とし、私たちに完全な赦しをもたらした大祭司キリストは、罪と戦って敗れることなく、しかも肉体、精神、霊における苦しみ、死の苦しみを経験されました。ですから、私たちの弱さに同情し、助けてくださるのです（一七～一八節）。真の神でいます方でありながら、真に人となられたキリストこそ、私たちの真の救い主なのです。

十字架の苦しみを通られたイエス・キリストが共にいて、支えてくださっていることを、俊介さんが知ることができるように祈っています。

内田和彦

二〇一五年四月十八日

第12信　神が三位一体であると分かると、見えてくるもの――

矢尾板俊介様

その後いかがでしょうか。体がだるかったりして、気分がすぐれないことも多いのではないかと案じています。続く治療が、引き続き良い結果を生むようにと祈ります。

前回、「三位一体」ということについてお伝えしました。今日は、その続きというか、補足というか、そんなお話をしたいと思います。

三十年くらい前のことですが、私がちょうど俊介さんと同じくらいの年のころ、米国のミシガン大学の教授をしておられたケネス・パイクという言語学者にお会いしました。「会った」といっても、私個人ということでなく、私が講師をしていた神学校（牧師養成機関）に来られたパイク先生と、しばらく懇談の時を持ったということです。ともあれ、この先生は「知る人ぞ知る」、（私も最初知らなかったのですが）言語学、それも音声学という分野で世界的な権威ということでした。南米やアジアやアフリカの、文字を持たない部族語を研究し、文字を作るなどして、平和に貢献しているという理由で、何回かノーベル賞候補にノミネートされたという方でした。

そのとき、パイク教授はいろいろなお話をしてくださったのですが、その中で忘れられないことがあります。「私は、子どものころから聖書を読んできました。若いころ分からなかったことで、六十歳を超えて分かってきたことがいろいろとあります。しかし、逆に、分かったと思っていたことで、分からなくなったこともあります。分かっていると思っていたけれども、実は分かっていなかったのでしょう。」若かった私は、「なるほど、そういうこともあるのだろうな」と思いながら聞いていました。そうしたら、パイク氏は、続いて意外なことを言われたのです。

「私は、聖書を読んでいて、分からないことが出てくると嬉しくなるのです。」私は「エッ?」と思いました。「分からないと、ストレスを感じたり、イライラしたり、がっかりするのが普通ではないか?」と思いました。すると、パイク教授は、こう言葉を続けました。「どうして嬉しくなるのかというと、私が信じている神は、私の小さな頭脳、私の限られた経験では到底理解できない、要するに、私が考えるよりもはるかに偉大な方であることを思い出すからです。そして、残された自分の人生において、神について分からなかったことが分かっていく楽しみがあるからです。永遠にわたって、神の偉大さ、素晴らしさを発見していくことが楽しみなので、私は嬉しくなるのです。」

三位一体は、私たちの理解を超えています。三位一体のことを考えると、このパイク先生の言葉を思い出します。人間としての自分の小ささを自覚させられるとともに、神が極め尽くすことのできない偉大な方であることに気づかされるのです。

それから、先便でも少し触れたように、三位一体の神であるから、神は私たちに寄り添ってくださる方だという真理も、「三位一体」から教えられる大切なことです。

もし「唯一の神」だけだったら、どうでしょうか。この世界を超越した偉大な神、測り知れない力と知恵をお持ちの方。それで終わりです。もちろん、それはそれで事実なのですが、神は、私たちからは隔絶した存在、まったく手の届かない存在になります。高い所から私たちを見下ろしている神、ということで終わってしまいます。

しかし、聖書の教える神は三位一体の神ですから、「高い所から私たちを見下ろしている神」ではないのです。私たちのところに降りて来てくださった方、私たちの傍らにいてくださる神、私たちに寄り添ってくださる方なのです。何しろ、一人の人、イエス・キリストとして、この世界で生きた方なのですから。生きただけでなく、おそらく人間として最も大きな苦しみを通られた方なのですから。

先週の礼拝でお話しした聖書の箇所、ヘブル人への手紙二章一八節というところに、こう記されています。「主（イエス・キリスト）は、ご自身が試みを受けて苦しまれたので、試みられている者たちを助けることがおできになるのです。」

それだけではありません。三位一体ですから、「聖霊」もおられます。この方は、私たちの心に働きかけてくださいます。私たちに様々な気づきを与えてくださいます。自分の無力さや高慢に気づかせてくださいます。私たちの良心に語りかけてくださいます。そして、「神を信じよう、信頼しよう」という思いを与えてくださいます。そして、信じる者の心のうちに「住んでくださる」とまで言われています。そして、私たちを励まし、慰め、力づけてくださるのです。私たちの心に喜びを与えてくださるのです。今、こうして手紙を書いている私も、聖霊は助けてくださっています。

　このような三位一体の神ですから、神は、高い所から私たちを見下ろしておられる方ではないのです。

　さらに、神が三位一体であることが分かると、神が造られたこの世界のしくみも分かってきます。「なるほど、それで、この世界は、こうなんだ」と納得できるということです。最も顕著なことは、この世界に見事な統一性と多様性があることです。

　食を扱っておられる俊介さんは、私よりも、そのことがよくお分かりになるのではないでしょうか。食物にしても、実に多種多様です。しかしバラバラではなく、まとまりのある全体として私たちの命を支えるものとなっています。この世界には実に多種多様な動物、植物が存在します。それが見事に一つの世界を構成しています。この数十年、地球環境に関する研究が飛躍的に進みましたが、そこで分かってきたことは、この地球を構成する生物の生態系が、実に見事に完結しているということです。つまり、全体が見事に統一されているのです。その統一を破壊する危険性のあるものが、核、つまり放射能なのです。川の水が汚れても、やがて浄化されていきます。しかし、放射能汚染は回復不能なのです。神は見事な統一性と多様性のある世界を創造されました。神ご自身が三位一体、つまり統一性と多様性を持っておられる方だからです。

自然環境だけではありません。人間が構成する社会もそうです。家庭であれ、職場であれ、個々人は独立した存在であり、自由でなければなりません。しかしまた、個人の自由が大切にされながら、同時に、全体で協力していかなければ、バラバラになってしまいます。けれども、悲しいかな、私たちはなかなか一つにまとまることができません。だれかが「支配」するか、あるいはまとまりのないバラバラの集団になってしまうか、どちらかになりやすいのです。人間社会のあり方も、三位一体のモデルにならっていくとき、バランスのとれた、幸せな形になっていくのです。今日はここまでにしましょう。ではまた。祈っています。

二〇一五年四月二十五日

内田和彦

第13信　科学者たちの証言

矢尾板俊介様

短い春の後、一気に初夏が来たような毎日ですが、その後、いかがでしょうか。心も身体も上がり下がりがあるかもしれませんが、全体が良い方向に向かうようにと祈ります。

前回、神が「三位一体」でいらっしゃることが分かると、この世界、宇宙がどうしてこんなにも複雑な仕組みがありながら、しかもバラバラでなく、全体が統一の取れたものになっているかが分かる、とお伝えしましたね。この地球に、実に多種多様な生物が存在しながら、動物も植物も含めて、全体が見事なシステムで出来上がっているのか、それも、「なるほど」と納得できる、そんなことを書きました。

つい先日読み終えた本は、実に圧巻でした。それは、この半世紀ほどの間の科学の進歩によって、多くの科学者たちの間に、この宇宙とこの地球、そこに存在する生命、とりわけ人間のような存在が誕生したことを偶然に帰すことはできない、という認識が広がってきている、といったことが書かれていました。ノーベル賞を受賞したような第一線の科学者たちの間に、「これほど見事なシステムが、設計者なしに存在することを信じなさい」ということ自体に無理があると考える人たちが増えてきている、ということでした。

以前から聞いていた言葉ですが、科学者たちは、インテリジェント・デザイン、とかインテリジェント・デザイナーといった言葉を使って、この物質的な世界の背後に、偉大な知性を持った存在がおられるはずだという確信を語るようになってきています。そして、それはまさしく聖書が教える神なのです。

俊介さんは、「どうしたら、美味しいもの、栄養のあるものを、美しく造ることができるか」と考えるでしょう。そのような精神活動が、どうしてできるのか、考えてみたことがありますか。唯物論、つまり物質的な世界がすべてであるという考え方では、実のところ説明できません。宇宙の始まりからあると思われる物質が、変化していっても、いくら変化していっても、生命は誕生しないし、仮に生命が誕生したとしても、それが無限に近い、突然変異を起こしても、精神、心は生まれてこない。それが、近代科学が驚異的に発達し、マクロの世界、ミクロの世界の仕組みが分かってきた今日、認めざるを得ない現実だというのです。

これは、アメリカの大手の新聞社の敏腕記者が第一線の科学者たちのインタビューを本にまとめたものです。リー・ストロベルという方ですが、彼は、もともと無神論者、唯物論者で、キリスト教信仰を「時代遅れの迷信」のように思っていた人ですが、こうした探求を通して、なんとクリスチャンになりました。

この本は、『宇宙は神が造ったのか？』（いのちのことば社というキリスト教系の出版社から出ています）というタイトルです。五百頁にわたるものですし、専門的なことがたくさん出てくるので、文系の私には読み進むのが大変でしたが、それだけに読み応えのあるものでした。ついでにもう一冊、何年か前に読んだこの種の本があります。百五十頁ほどの講談社現代新書で、英国のケンブリッジ大学の理論物理学者ジョン・ポーキングホーンが書いた『科学者は神を信じられるか』で、東大農学部で応用生物化学を教えていた小野寺一清先生が日本語に翻訳しています。この本は、私が前橋に赴任する直前、伺った教会で、小野寺先生ご本人から頂戴しました。この本も驚きでした。宇宙の仕組みが明らかになるとき、それが、神について聖書が教えていることと、驚くほど一致するということでした。ポーキングホーンは大学教授を定年で辞めて、牧師になりました。

私自身、二十世紀半ばに生まれ、科学に対する絶対的な信頼を持った世代に属しますので、「この科学の時代に、どうして神など信じることができるのか」と友人たちから問われ、議論したことしばしばでした。そのとき、私は、科学でどんなに解明されても、それで宇宙の意味、人生の意味は分からないから、キリスト教信仰は必要だと説明してきたのですが、今や、そうではないと分かりました。むしろ、科学でこの世界が分かれば分かるほど、神がおられることが見えてくるということなのです。「この科学の時代に、どうして神を信じないで、この世界の仕組みが説明できるのか」という問いに、無神論者が答えなければならない、そんな時代になっているというのです。

ふと、十年以上前に見たNHKスペシャルを思い出しました。それはアインシュタインの方程式というものの解説番組でした。なんとその番組でも、アインシュタインの方程式を解くと神の存在が見えてくるといったことを言っていたのです。

話が少々広がりすぎたかもしれませんね。俊介さんにとっては、キリスト教の信仰を持つことは、ものすごく特殊なことで、「非科学的」な迷信で、知性を殺さなければ信じることができないことだと思われるかもしれませんが、決してそうではありません。むしろ、この世界の現実、人間の現実を正面から向かうことのなかで、神を見出し、神を信頼して生きることがなされていくのです。現実に向き合い、真理を追い求めていく私たちの人生の旅を、力強く支え、勇気づけてくれる神がおられるのです。病むことも含めて、人生の様々な体験を通して、私たちが神の素晴らしさを発見するのを、じっと優しく見守っている神がおられるのです。

もう少し書くつもりでしたが、次に回しましょう。引き続き祈っています。

内田和彦

二〇一五年五月二日

第14信　神のかたちとして造られた人間

矢尾板俊介様

今週はどのようにお過ごしになったでしょうか。お母様からメールをいただき、来週末から、再び服薬、再来週には入院をされると伺いました。一つ一つのプロセスが有効に働き、病を克服されるようにと祈ります。

前回は、聖書が教える人格的な神、偉大な精神を持った知的存在である神がおられる、おられるのでなければ、今、私たちが生きている宇宙、そして私たちの生命自体が、どうして存在するようになったか説明できないという確信を、以前は無神論者であった科学者たちが抱きつつあるというお話をしました。キリスト教信仰に立つことは、この世界の現実から目をそらして、妄想や幻想の世界に生きることではなく、むしろ、冷徹な目で世界を見据えていくことを可能にします。自然の仕組みをとことん探求していくことを通して、神に出会うのですが、よくよく考えてみれば「当たり前」のことですね。この自然界を創造した方が神であるなら、実に当然のことでしょう。

同じことが、「社会」、人間が形づくる世界についても言えます。一対一の人間関係に始まり、家庭や学校や職場、地域社会、国家、人類全体、あらゆる単位で、私たちは他の人とともに生きています。他の人に支えられ、また自分も支える役割を果たしています。そのようなことに困難を覚え、他の人と関わることができなくなって引きこもってしまう人たちが増えていますが、それは本人にとっても、社会にとっても大きな損失です。

前にもお話ししたと思いますが、人間は「神のかたち」に造られています。神のお姿を反映する存在として私たちは造られているのです。ですから、考えたり、計画を立てたり、喜んだり、悲しんだり、愛したりします。神がそうであるように、だれかのために犠牲を払うことを喜びとするのです。

神が三位一体の方であるとすれば、神のかたちである私たちのあり方、人間関係や、人間社会のあり方にも、その神の姿が反映しているはずです。実際反映しているのです。先回、自然界について考えたときに、「統一性と多様性」ということを申し上げたと思いますが、人間の社会についても同じことが言えます。

私たちは孤独で生きる存在ではありません。それは、神が「孤独の神」でないからです。私たちはだれかと関わりを持って生きています。神ご自身が、三位一体の交わり、関わりを持って存在しているからです。しかも、その関係の基本的原則は、「統一性／一体性と多様性／個別性」なのです。神ご自身がそうであるように、私たちの社会も「一体性と個別性」がバランス良く保たれているとき、平和であり、幸福です。

私たちはそれぞれ独立した意志と人格を持っています。ですから、俊介さんの母上も、どんなに俊介さんを愛していても、信仰を強制、強要することはできません。強制、強要できるものでもありませんし、しようとしたら意味のないものになってしまいます。あくまでも俊介さん自身が決断し、選択すべきことです。私たちはそれぞれに自由意志を与えられています。

けれども、もし、私たちが自分のしたいことだけをし、自分の好き勝手に生きようとするなら、どうなるでしょうか。家庭も、職場も、社会も成り立たなくなります。それぞれの集団にルールがあり、原則があり、譲り合いがあり、助け合いがあり、統一性、一体性がなければなりません。個々人が自己主張だけする社会は、バラバラになり、混乱し、社会として成り立たなくなります。西欧社会の行き過ぎた個人主義への傾斜は、そのような危険性をはらんでいます。

しかしまた、統一性、一体性だけを強調し、個々人の自由というものが認められなくなったらどうでしょう。それは全体主義の社会になります。家庭でも、父親が暴君で、奥さんと子どもたちを暴力的に支配することがあります。そのような家庭で暮らす人たちは、毎日恐怖におびえ、幸福ではありません。またそのような家で育った人たちは、真の安心をなかなか持つことができず、人を信頼することが困難です。

社会で言えば、敗戦を迎えるまでの日本の社会がそうでした。戦争を疑問視する発言をしただけで、特高警察に引っ張って行かれ、留置場に入れられ、拷問されるような社会でした。心の自由、言論の自由のない社会でした。日本社会はどうしても集団主義に傾斜する傾向があり、その極端な形が戦前の全体主義社会だったのです。

話が広がりますが、日本は稲作社会で、共同作業をしないと生きていけないため、他の人と違うことをする人を警戒し、排除する傾向が出来上がっていると言われます。確かにそうかもしれません。おまけに、徳川幕府は十六世紀に入って来たキリスト教を排斥しようと、二百数十年にわたる鎖国をし、五人組制度を作り、互いに監視し合い、密告し合うような社会を作りました。たぶんそのトラウマが、百数十年経った今も残っていて、キリスト教に対する漠然とした警戒感が多くの日本人の心にあるのだと思います。

話を元に戻しますが、個人の自由だけを主張すると、社会は成り立ちません。(これは、結婚するとすぐに直面する現実です。) しかしまた、集団の一体性だけを追求すると、とんでもない全体主義になります。あるべき姿は、個々人が重んじられながら、互いを尊重し、いたわり合い、一つの集団、一つの社会を形づくることなのです。しかし、悲しいかな、私たち人間は、神から離れ、自己中心になりました。それで、個人主義か集団主義のどちらかに傾斜してしまうのです。職場でも、バラバラで一致のないことがあるでしょう。逆に、支配的な人がいて、一人ひとりの意見、気持ちがまったく顧みられない息苦しい職場もあるでしょう。家庭でも、親も子もバラバラになりやすい一方、DVの恐怖の支配する家庭も少なくありません。

このような私たち人間にとって、解決の道は、三位一体の神に立ち返ることです。三位一体の神――父なる神、神の御子イエス・キリスト、そして聖霊なる神の三者が、それぞれ独立した存在でありながら、しかも一体である。聖書はそう教えています。万物の創造も、創造した世界の保持も、さらには、神から離れ、神に背を向け、自分勝手になった人間を本来の姿に回復する救済も、この三者のパートナーシップで実現しているのです。聖書の神はパートナーシップの神です。

聖書の神を知ると、この世界が、社会が、人間が、そして自分自身が見えてきます。本来のあるべき姿が分かってくるのです。

今日はここまでですね。俊介さん、引き続き祈っています。

内田和彦

二〇一五年五月九日

第15信　星野富弘さんのこと

矢尾板俊介様

今週は、また昨日から服薬が始まったとのことですね。一つ一つのステップを踏んで、長い時間をかけての治療ですから、気力、体力ともに支えられるようにと祈りつつ、第十五信に向かいます。

……と、午前中に書き始めたのに、午後になってしまいました。いろいろと予定外のことが入ってくるものですね。「予定外」といえば、俊介さんにとって今回の病気はまさに「予定外」のことだったでしょう。「思いもしないこと、起こってほしくないことが、起こってくるのが、人生だ」と言ってしまえば、身も蓋もありませんが……。

一言で言えば「試練」ということになりますが、人それぞれで中身は違うものの、試練を経験しない人はいないでしょう。だれもが健康で、家族が仲良く、やりがいのある仕事をし……と願いますが、初めから終わりまで順風満帆というわけにはいきません。

しかし、その試練を通して、私たちは人生の深みを知るのだと思います。あるいは、本当の幸せに到達すると言ってもよいかもしれません。

以前、何度か引用させていただいた星野富弘さん等、実に典型的です。中学校の教師になって、これから、というときに、死ぬ一歩手前の怪我をし、一命はとりとめたものの、体を動かすことが最も好きな彼が、首から下はまったく動かせない人になってしまったのです。そのころのことを書いた『愛、深き淵より』を読むと、彼がどんなに苦しんだか、痛いほど分かります。とても、今の富弘さんからは想像がつきません。微笑みを絶やさず、ユーモアたっぷりで、楽しそうにしている現在の富弘さんと、看護してくれるお母さんに「くそババア」と唾をはき、「殺してくれ」と叫んだ四十数年前の富弘さんが、とても同じ人とは思えないのです。しかし実のところ、あの半世紀近く前の富弘さんがいたからこそ、現在の富弘さんがいるのです。

旧約聖書の詩篇という書物の一一九篇七一節に、こうあります。

「苦しみに会ったことは、私にとってしあわせでした。
私はそれであなたのおきてを学びました。」

別の聖書の翻訳（説明の言葉を加えた英訳）では、こうあります。

「私が悩んだことすべてが、結局は、最善のものであったと分かりました。
そのおかげで、否応なしに、
私はあなたの（神の）教科書から学ぶことになったのです。」

また、新約聖書のヘブル人への手紙一二章一一節には、こうあります。

「すべての懲らしめ（=試練）は、そのときは喜ばしいものではなく、かえって悲しく思われるものですが、後になると、これによって訓練された人々に平安な義の実を結ばせます。」

神は、私たちを虐めるためではなく、私たちを愛しているゆえに、ときとして私たちにとってあまりに厳しいと思われるような試練にあわせることがあり、そのときには分からなくても、やがて分かる時が来るというのです。

本当は、もう少し書きたかったのですが、今日は、この後、二つの面談の約束があり、手紙を出せなくなるといけないので、この続きはまた来週に。短い第十五信ですが、プリントして投函します。

「人知を越えた神の平安」（これも聖書の言葉ですが）があるようにと祈ります。俊介さんもご自分の気持ちを祈りに表してみてください。苦しいときには「苦しい」と。声に出さなくても、心の中で。

二〇一五年五月十六日

内田和彦

第16信　どんなものも偶然には存在しない

矢尾板俊介様

今週は、また入院ですね。神さまが支えてくださいますように。祈りつつ、早いもので第十六信をお届けします。

俊介さんへのお便りを書くとき、最初からすべてのことが分かっている、決まっているわけではありません。考えながら書き進めていく過程を、神が導いてくださいます。私自身がごく普通に考えているのですが、そうした私の思考が、私自身の思いを超えた何かに導かれていたことに、後で気がついたり、途中で意識させられたりするのです。

手紙を書くときだけではありません。神の助けや導きは、生活のいろいろな場面で経験します。そして、神の働きかけを知らされるのは、祈っているときだけではありませんし、また祈りも、いつでも両手を合わせて、目をつむって、きちんと祈るわけでもありません。朝、目を覚ました布団の中で祈ることもあり、風呂の中で、車を運転しながら祈っていることもあります。忘れていたことを思い出したり、逆に「忘れていて良かった。神さまが忘れさせていてくださった」と気がついたりすることもあります。

要するに、神を信頼して生きるということは、決して単純なこと、画一的なこと、機械的なことではなく、ダイナミックな精神生活の中で体験することなのです。信じていない方たちは、「宗教に縛られるのではないか」と心配するかもしれませんが、そういう感覚は、まったくありません。むしろ、私たちの心が余計な不安や心配から、解放され、自由にされます。この宇宙を創造された方と、個人的につながっているのですから、実にエキサイティングです。また、私たちの命を生み出された方とつながるのですから、私たちの命が躍動します。残念ながら、私たちクリスチャンがいつでもそのような理想的状態にあるわけではありませんが、それでも、信じていなかったときとは違う経験をしていきます。

先日の俊介さんのメールに、「ただ、まだ自分の中で消化不良のような感じの部分もあります。自分の目で見える物を信じて、目に見えない不確かな物を信じない、そんな生き方をしてきたので、たぶん消化不良なのだと思います」とありました。

無理もないことです。消化不良になるのも当然でしょう。時間をかけて消化していかれたらよいと思います。時間をかけても「消化」できないこともあるかもしれませんが、それでも、多くのことが納得できる時が来るのではないかと思います。来るようにと祈ります。

その点の関連で、一つのことをお伝えしましょう。確かに神は目に見えない方です。しかし、聖書にこのような言葉があります。

「神の、目に見えない本性、すなわち神の永遠の力と神性は、世界の創造された時からこのかた、被造物によって知られ、はっきりと認められる……。」
（新約聖書・ローマ人への手紙一章二〇節）

三週前のお便りでお伝えしたことの繰り返しになりますが、この宇宙、地球、生命といった目に見える世界をじっと見ていくと、神がおられることが分かるようになるということです。

たとえば、俊介さんの身の周りにあるものを眺めてみてください。「偶然、そこにある」「偶然、存在するようになった」と言えるものがあるでしょうか。ベッド、机、カーテン、ノート、ペン、本、何一つ「偶然」のものはないのですね。どうして、「偶然」でないと言えるのですか。中には、俊介さん自身が買って来たわけでない、自分がそこに置いたわけでないものもあるのではないでしょうか。でも、「そこにある」以上は、だれかが置いたに違いないと思うでしょう。当然ですね。

それにしても、どうしてそう確信できるのですか。ちょっと難しい用語を持ち出しますが、「合目的性」があるからです。つまり、ベッドは眠るため、机は書き物をするため、カーテンは陽の光を遮るため、という一定の目的に合致するものとして存在しているからです。その合目的性のゆえに、俊介さん自身でなくても、お父さんかお母さんがそこに用意してくれたと思うので、「偶然そこにある」とは思わないわけです。

さて、そのような目的にかなった機能を持つものがあるのは、そのような機能を持つように、だれかが設計し、だれかが作り、だれかがそこに置いたからなのです。でも、設計した人は見えません。作った人は見たことがありません。「置いた人は」自分かもしれませんが、作った人は見えなくても、作ったものがある以上、信じるのです。

そこで、俊介さん。俊介さんという人間、俊介さんが生きている、その体、その命を支える地球環境、これだけ見事にすべてが整っているのに、それは「偶然」なのですか。「偶然」だと思うのですか。これだけ見事な地球、これだけ見事な人体、これだけ見事な人間の設計図であるＤＮＡ、これが「偶然」なのですか。「偶然」というなら、このような地球が、人体が、偶然生じてきた道筋を説明してほしいものです。

神を信じる科学者たちは、「どう考えても、偶然生じてきたことを説明できない。科学が発達すれば、できるようになると、自分たち科学者は信じて研究を進めてきたが、宇宙の仕組み、細胞の仕組みが分かれば分かるほど、ますます、偶然生じてきたと説明ができなくなる。説明できる可能性が、科学が発達すればするほど小さくなっていく」というのです。

神は、この世界を見事な秩序をもって創造されました。しかし機械的ではなく、画一的ではなく、実に美しい多様性を持った世界、互いに支え合う世界、そして、神のかたちに造られた人間の努力で、さらに良いものになっていく可能性を持った世界とされたのです。だから、受け取るだけでない、私たちも、美味しい料理を作り、美しい花を栽培し、便利な道具を編み出す、そのような「創造の喜び」を味わうのです。そのような喜びを与えてくださった神に感謝し、賛美し、ますます人生を、命を喜びつつ、生きる者とされていく。俊介さん、そのような人生を生きようではありませんか。

今週も、いろいろな形で、神が共にいてくださることを覚えることができますように祈っています。

内田和彦

二〇一五年五月二十三日

第17信　水に身を任せたら、浮くではないか！

矢尾板俊介様

今週は、どのように過ごされたでしょうか。先日、片柳先生がお宅にお邪魔し、俊介さんの様子を報告してくれました。ゴールデンウィークには長時間にわたって働かれたとのこと、嬉しくお聞きしたことです。来週六月五日には血液検査があること等、今後の予定のメモも頂戴しました。ご両親の血圧が高いようで、俊介さんのことと一緒にお祈りしています。

さて、私の手紙を読んで、いろいろなことを考えてくださっている俊介さんに、今日も何を書いたらよいか、少し祈りつつ考えました。その中で浮かんできたのは、プールに浮かんでいる人の姿でした。俊介さんの姿かもしれません。

キリスト教信仰を持つ、イエス・キリストを信じるということは、ちょうど水の上に浮かぶこととよく似ています。俊介さんは水泳は得意ですか。小さい時から泳げたでしょうか。実は、私は、小学校時代、ほとんど泳げず、恥ずかしい思いをしました。ちゃんと泳げるようになったのは中学生になってからでした。ですから、泳ぎたいと思いながら、泳げなかったときのつらい気持ちや、泳げないという感覚が体に残っています。

泳げないという感覚は、必死に手足をばたつかせ、無我夢中で泳ごうとする自分です。泳ごうとする気持ちと裏腹に、もがけばもがくほど、前に進まず、かえって沈んで、水を飲んでしまうのです。その私が泳げるようになったのは、何もしないで浮くことを知ったからです。何かをしようとしないで、水に自分を任せたとき、なんと！　浮くではありませんか。手足をばたつかせていたときは浮かなかったのに、それをやめて、水に自分を任せたら、なんということはない、浮くのです。自分でじたばたせずに、自分の身を水に任せることを体得したら、後はそれほど苦労せずに泳げるようになっていきました。

聖書の神を信頼し、受けいれて生きることは、これとよく似ています。まさに、自分の知恵や力ではなく、自分を神にお任せすることだからです。「お任せする」「ゆだねる」といった言葉を、私たちクリスチャンは割と使います。自分であれこれ考えて、不安になるより、神にお任せしていこうと、心で決めるのです。すると、不思議な平安を得ます。問題に立ち向かっていく勇気を得たりします。新約聖書の中には、次のような言葉があります。

「あなたがたの思い煩いを、いっさい神にゆだねなさい。神があなたがたのことを心配してくださるからです。」

（ペテロの手紙第一、五章七節）

「何も思い煩わないで、あらゆる場合に、感謝をもってささげる祈りと願いによって、あなたがたの願い事を神に知っていただきなさい。そうすれば、人のすべての考えにまさる神の平安が、あなたがたの心と思いをキリスト・イエスにあって守ってくれます。」
（ピリピ人への手紙四章六〜七節）

それにしても、泳げない人は、いくら「水に体を任せたらよい。間違いなく浮くから、やってごらん」と言われても、心配ですよね。それと同じように、神を信じ、神に自分をゆだねて生きる決心をするには、勇気が要ると思います。時間もかかるでしょう。でも、その時が来るように祈っています。きっと来ることを信じて……。

あっ、それから、水に浮くことを体得した人は、自分の手足を有効に動かして、見事に泳ぐことを覚えていきます。信仰の世界も同じです。神に任せたことによって、自分の不安やプライドといった余計な縛りから解放され、安心して、自分のあらゆる能力＝神から与えられた賜物を生かして、他の人のために生きる幸いを知り、「活躍」できるようになるのです。前にも言いましたが、神さまを信じるということは、何もしなくなることではありません。そのような世界を、俊介さんと共有できる時を楽しみにしています。

今日も、手紙書きが午後になってしまいました。間もなく来客があるので、この辺で。そうそう、来られるのは、先週、百一歳で天国に行かれた方の娘さんご夫婦です。この方についてもいつかお話しできると良いなと思っています。

主が信仰と平安を与えてくださるようにと祈りつつ。

二〇一五年五月三十日

内田和彦

第18信　「迷子の羊」の私たち

矢尾板俊介様

その後、いかがでしょうか。昨日は血液検査でしたね。そして来週はMRIと胃カメラ、一つ一つのハードルを乗り越えて前進できるように続けて祈っています。

先週は、水に浮く話で、神を信じて生きることの説明を試みました。少しでもお分かりいただけたでしょうか。今日は「迷子」の話です。

俊介さんは子どものころ迷子になったことがありますか。私は、ちょっとだけ？　迷子体験をしたことがあります。七、八歳ごろのこと、両親と買い物に行ったときに、父と母の姿を見失って、見つからなくなってしまったのです。今日のような、大きなスーパーやモールではなかったので、どうして見失ったのか、不思議な気がしますが、ともかく見つからなくなってしまいました。幸い、(これも今と違いますね) 自家用車など、一部の大金持ちしか持っていなかった時代ですから、歩いて帰れるところに家があり、また道も分かっていたので、ひとりで帰って行きました。厳密に言えば、「迷子」とは言えない迷子体験かもしれませんが、そんなことがありました。

聖書は、私たちが「迷子」だと教えています。私たち人間の姿を「迷子の羊」にたとえているのです。旧約聖書のイザヤ書という書物に、「私たちはみな、羊のようにさまよい、おのおの、自分かってな道に向かって行った」とあります（五三章六節）。

ところで、迷子の特徴は何でしょうか。「迷子の羊」「迷い出た羊」の場合は、三つの現実があると思います。一つは、自分が本来あるべきところにいないということです。羊の場合は羊飼いのもとにいないということです。

私たち人間は神に造られた者です。しかも「神のかたち」に造られた者、つまり、神とともに生きる者、神との交わり、神と心を通わせながら生きる者ですから、その神から離れ、神を見失った状態で生きるとすれば、まさに、本来、あるべき場所にないことになります。その結果、何とも言えない不安、哲学者の中には「実存の不安」と呼んだりする人がいますが、根本的、根源的な不安があるのです。

子ども時代のことで、もう一つ思い浮かぶ場面があります。私の父は公務員で、それほど帰宅が遅くはならなかったと思いますが、それでもときどき遅くなった日がありました。母や姉、兄たちと、家の中で父の帰りを待ちます。今と違って、まだテレビなどなかったころのことですから、母はお裁縫、私たちは学校の宿題などしていたと思います。私が育った家は、旧中山道（一七号国道）から、路地を少し中に入ったところにありましたが、その坂道を、自転車を引いて歩いて来る音が聞こえてくると、そして、やがて門が開き、「ただいま」の声とともに玄関が開くと、「ほっとした」気持ちになるものでした。父がいる、父が家に一緒にいるということで、安心するのです。

私たちに命を与え、それを支え、私たちの人生を導いてくれる、慈愛に満ちた神がおられると分かり、その神が「天の父」として自分と一緒にいてくださると分かると、私たちは何とも言えない安心を覚えます。クリスチャンになった多くの方たちの思いの中に共通していることは、「いるべきところにいる」「帰るべきところに、帰ることができた」という安心感ではないかと思います。「実存の不安」が解消された喜びと言えるでしょう。

迷子の羊のような私たちに、神が「私のところに帰って来なさい」と語りかけてくださっている。それが聖書の教えなのです。神のもとに立ち返る道を示してくださったのです。

迷子の羊の第二、第三の特徴は、また次回とさせてください。実は、今日は、四月末に九十一歳で天に召されたYさんの納骨式が、嶺公園墓地であり、出かけるのです。Yさんは、前橋市の小学校や中学校の校長先生をなさった方で、群馬県の剣道連盟でも活躍なさった方でした。二十六歳、若き教師だったころに信仰を持たれましたが、私が前橋教会に来るころは、もうお年を召されて教会にも来られなくなっていました。でも、病院で過ごされた最後の二か月の間に、何回かお会いし、一緒にお祈りすることができました。

そんなわけで、今回も短めですが、第十八信をお送りします。

主が俊介さんにご自身を現し、平安を与えてくださるようにと祈りつつ。

二〇一五年六月六日

内田和彦

第19信　神のもとに帰れない私たちのために

矢尾板俊介様

今週は、いかがでしたか。少しは仕事にも出られたでしょうか。私たちキリスト者は、どのようなことがあっても、人間の目には「良いこと」「悪いこと」の違いがあっても、すべてが「益に変えられる」という聖書の約束を握りしめて、祈ります。俊介さんのためにも続けて祈ります。

水曜日にはメールをありがとうございました。そこでの質問に今後お答えしていきたいと思いますが、まずは先週の話の続きをお送りしたいと思います。

前回は、聖書が私たち人間の姿を「迷子の羊」にたとえているというお話をしました。そして、迷子の羊の特徴の第一は、「本来あるべきところにいない」ということだとお伝えしましたね。羊飼いのもとにあって初めて安心できるのですが、羊飼いのもとから迷い出てしまったので、「根源的な不安がある」ということを申し上げました。

迷子の羊の第二の特徴は、命を失うことになるということです。たいていの動物は身を守るための何かがあるのですが、羊という動物は不思議なほど、自分で自分の身を守ることができません。逃げ足が速いわけではないし、狼と戦うための牙や爪を持っているわけでもありません。おまけに極度の近視で、崖っぷちから足を踏み外すこともあるそうです。だから、羊飼いによる保護が必要なのです。

私たち人間もよく似ています。文字どおり命の危険にさらされ、失うこともあります。「霊的な意味」「比喩的な意味」でも、命を失う危険にさらされているのです。聖書は、私たち人間を、永遠に神から引き離そうとする霊的な存在のあることを教えています。いわゆる「悪魔」とか「サタン」とか呼ばれている存在です。私たちは、霊的ないのちの源である神ご自身から切り離され、永遠のいのちを失って「滅んでしまう」と聖書は警告しています。

「滅びる」という言葉が、聖書にはときどき出てきます。実は、「迷子になる」ということと「滅びる」ということは、言葉の上でも密接につながっています。英語で、「迷子になる」は、“I am lost”といいます。これは直訳すると「私は失われた」ですが、文脈によっては「私は滅んだ」と訳すこともあります。神を見失い、霊的ないのちを失い、滅んでしまう私たち人間、それが「迷子の羊」の意味する、もう一つの現実なのです。

それでは、神のもとに帰ればよいではないか、と私たちは思います。実際、そのとおりです。しかし、迷子になった子どもは、自分では親のところに帰れません。帰れないからこそ、「迷子」で、ただ泣くほかないのです。迷子の羊の第三の特徴は、自分からは帰れないということです。

神に背を向け、神とのいのちあふれる交わりを失った私たち人間は、心のどこかで、たましいの故郷に、神のもとに帰りたいという思いがありながら、同時に、神に対する反発が強くあるのです。「神など信じてもしようがない」、「神がいるなら、どうして自分はこんな目にあうのだ」、「神を信じるなんて、弱い人間のすることだ」等、いろいろなことを思い、あくまでも神を無視し、神に背を向け続けるのです。このような人間の状態を聖書は「罪」と呼んでいます。

私たちは生まれつき、このような「罪」を持っています。それで「原罪」という言葉も使われます。この罪が解決し、私たちの心が変えられないと、神のもとに帰って行くことができません。まさに、そのために歴史に登場したのがイエス・キリストという方なのです。

神に対する私たち人間の「罪」は、いわゆる「犯罪」とは違います。人を殺せば、もちろん「殺人の罪」となります。イエスは、人を殺さなくても、心の中で「あんな奴死んでしまえばよい」と思ったり、「馬鹿、アホ」とか言って人を軽蔑したりするだけで、心の中で「殺した」ことになる、と教えました。

神から離れた私たちは、自分を「神」とするほかありませんから、徹底して自己中心で、他の人を自分のために利用しようとし、人に対して、「犯罪」までいかなくても、様々な罪を犯して生きています。このような神に対する罪、人に対する罪を赦していただかなければ、罪をそのまま見過ごすことはできない正義の神、聖なる神のところに帰って行くことができないのです。

日本の社会では、「罪の償い」が語られることがあります。「罪滅ぼし」に困っている人を助ける慈善事業を行う、といった言葉も聞いたことがあります。しかし私たちは、完全に罪の償いをすることができるかといえば、できません。もちろん、他の人に親切にしてあげられたら素晴らしいことです。しかし、私たちは「親切にしてやったのに、感謝してくれない」と文句を言ったり、「自分はこれだけ良いことをしているのだ」という思いから、高慢になったりします。つまり、良いことをするそばから、新たな罪を犯してしまうのです。

犯罪は、処罰される必要があります。罰金を払うとかして、償うことが求められます。そうでなければ、正義が成り立たなくなります。人間の作る社会のルールは完全ではありませんが、この正義の概念があるので、秩序が保たれるのです。それもまた、神が私たち人間に教えてくださったことなのです。

それでは、神に対する罪はどうしたら解決できるのでしょう。償っても償いきれない罪を、どうしたら解決できるのでしょうか。人間にはできません。そのために、神が用意された道が、神のひとり子イエス・キリストに、罪の責任を肩代わりさせるという、とんでもない方法だったのです。イエス・キリストは罪を犯さなかった、罪のない方であるので、私たち人類の罪を、私たちに代わって負うことができました。実際、私たちに代わって処罰されたのです。それがあの「十字架」である、と聖書は教えています。

神の御子、神のひとり子、三位一体の神の第二位格であるイエス・キリストが、なんと人間としては最も惨めな十字架の死を経験された。そのことによって、私たちのすべての罪が赦され、私たちは無条件で、聖なる神のもとに帰ることができるのです。人間にはまったく思いも及ばない、びっくり仰天する方法で、迷子の羊の私たち人間が、神に立ち返る道が開かれた。それがキリスト教信仰の中心なのです。

今日はここまでにしましょう。第十九信をお送りします。

俊介さんが、神のもとに立ち返り、真の平安を得ることができるようにと祈ります。

二〇一五年六月十三日

内田和彦

第20信　全能の神、愛の神がおられるなら、どうして？

矢尾板俊介様

今日は、梅雨の晴れ間、教会では婦人会の皆さんが、普段できない「大掃除」をしてくださっています。俊介さんは仕事にお出かけでしょうか。

昨日は、「生の声」（笑）をお聞きでき、しかも、薬による治療が効果をあげているという良い報せで、とても嬉しく思いました。これからも続けて祈ってまいりましょう。

さて、お約束のとおり、今日から、何回かにわたって、俊介さんの質問にお答えしたいと思います。電話でもお伝えしたように、投げかけなさった問いは、実にもっともなもの、重要なものです。先日紹介した、『宇宙は神が造ったのか？』の著者ストロベルも、『それでも神は実在するのか？』という別の本の中で、愛の神が存在するなら、どうしてこの世界に悪や苦しみがあるのか、という問いと取り組んでいます。『ナルニア国物語』で有名なC・S・ルイスも、『痛みの問題』という、五十年も前に邦訳されている本の中で、やはりこの問題を扱っています。実は私自身も、二十年ほど前、アメリカ人の友人と共著で『キリスト教は信じられるか』という本を書きましたが、その一つの章をこの問題の解決に充てています。

二千年、いいえ、もっと前から、人々は、全知全能の神、しかも愛の神がおられるなら、どうしてこの世界に悪がはびこり、様々な苦しみや痛み、災いが存在するのか、という問いと向き合ってきました。全知全能ではあっても愛の神ではないのではないか、と考える人たち、逆に、愛の神であっても全能ではないのではないか、と論じる人たちもいました。

キリスト教に限らず、哲学の世界でも、この問題は議論されてきました。悪や災いが存在する現実から、「二元論」と呼ばれる考え方が出てきたのです。つまり、神は愛であり、善であり、大きな力をお持ちであるが、絶対ではない。神に対抗する勢力として悪魔が存在し、この世界は神と悪魔のバトルの場であって、悪の勢力が力を得れば、災いが生じ、神が力を得れば、人々は幸福になる、という考え方です。「神と悪魔」と言わず、「善なる神と悪なる神」と表現したり、「光の神と闇の神」と表現したりしています。こうした二元論は、悪の存在を説明する手っ取り早い解決法です。西欧の歴史に大きな影響を与えたキリスト教哲学者アウグスティヌスも三十歳ごろまで二元論の哲学を受けいれていました。

しかし、この世界の自然の秩序やモラル、人間の善性を考えると、善と悪が拮抗しているというより、この世界は基本的には良いもの、美しいものでありながら、ところどころに破れがあり、問題がある、と多くの人は認めます。(この世界が良いものか悪いものかの判断は、その人がどのような子ども時代を送ってきたかで、かなり左右されます。) それで、悪の力は、善の力に比べれば、相対的なものではないかということで、二元論の立場を捨てることになります。アウグスティヌスもそうでした。それに二元論では永遠にバトルは続き、私たちは絶望するほかなくなります。

キリスト教でも悪魔という存在を認めますが、私たちの立場は「二元論」ではありません。厳密に言うと、「存在論的な二元論」は認めませんが、「倫理的二元論」は認めます。つまり、右に述べたような、神と対等に戦うような悪魔の存在は認めませんが、神に逆らう力はある程度持っていて、神が生み出す善を一定程度損なうことがあるからです。神は絶対ですが、悪魔がある程度災いをもたらすのを許容されるということです。それが聖書の教える「神と悪魔」ですが、そうすると、「どうして、神は直ちに悪魔を滅ぼしてしまわないのか」といった問いが出てきます。

以上、序論的に申し上げたうえで、この大きなテーマを三つの角度から考えていきたいと思います。その三つを疑問文で表すと、こうです。

1　どうして悪が存在するのか
2　神はどうして悪が存在するのを許容されるのか
3　神ははたして傍観しておられるのか

聖書は、神が万物を創造したと教えています。単純に考えれば、「それなら、悪も神から出たことになるのではないか」となりますが、聖書は、悪が神に由来するものではないと教えています。

聖書に一貫して語られていることは、神は、私たちが真に幸せに生きることを望んでおられるということです。新約聖書のヨハネの手紙第一の四章七〜八節に、「愛する者たち。私たちは、互いに愛し合いましょう。愛は神から出ているのです。愛のある者はみな神から生まれ、神を知っています。愛のない者に、神はわかりません。なぜなら神は愛だからです」とあります。神が愛であるということ、私たちを愛してくださっているということは、私たちが不幸になることを神は望んでおられないということです。

最初に人間が創造されたとき、「神は彼らを祝福された」と言われています（創世記一章二八節）。祝福するために、神は私たちを創造されたのであって、悲惨な目にあわせるためではありません。

さらに、旧約聖書の詩篇五篇四節には、神に対して「あなたは悪を喜ぶ神ではなく、わざわいは、あなたとともに住まない」という詩人の告白があります。さらに言うなら、神は、たとえ悪人であっても、根本的に「滅びることを願わない」方なのです。旧約聖書のエゼキエル書という書物の三三章一一節にこう記されています。

「彼らにこう言え。『わたしは誓って言う。――神である主の御告げ――わたしは決して悪者の死を喜ばない。かえって、悪者がその態度を悔い改めて、生きることを喜ぶ。悔い改めよ。悪の道から立ち返れ。イスラエルの家よ。なぜ、あなたがたは死のうとするのか。』」

そのうえ、万物の創造を記した最後の言葉は、神がこの世界を完全に良いものとして造られたことを明らかにしています。

「神はお造りになったすべてのものを見られた。見よ。それは非常に良かった。」（創世記一章三一節）

そのようなわけで、悪は神ご自身の望むところではないのです。神が、悪が生じるように意図されたわけではなく、悪は神から出たものではないのです。それでは、どうしてこの世界に悪や災い、苦しみが生じるようになったのでしょう。次の手紙で説明を続けます。俊介さんの心と身体に神である主が、御手を置いてくださるようにと祈ります。

二〇一五年六月二十日

内田和彦

第21信　悪や苦しみがどうして生じてきたのか――

矢尾板俊介様

今週は、どのように過ごされたでしょうか。……実は、今日はまだ二十六日の金曜日です。明日は、レディーズ&メンズ・サパーという集まりを前橋テルサの「もみじの間」で開きます。六年前、初回のサパーには俊介さんのご両親も参加なさいました。様々な分野の第一線で活躍するクリスチャンの方の講演を聞き、音楽を楽しみつつ食事を共にするものです。始まるのは夕方なのですが、主催者としての準備があるので、少々慌ただしい土曜日になります。そこで、一日早く手紙に向かっています。

さて、今回も、俊介さんの質問への答えを続けたいと思います。問題は、「全知全能の神、しかも愛の神がおられるなら、どうしてこの世界に悪がはびこり、様々な苦しみや痛み、災いが存在するのか」という問いです。この問いは三つの問いに分けて答えるのが良いのではないか、と申し上げました。その第一の問い（sub-question）は、「そもそも、どうして悪が存在するのか」というものでした。

これに対して、聖書に一貫して語られていることは、私たちが真に幸せに生きることを神は望んでおられるということでした。神が、この世界に悪が生じるように意図されたわけではない、神が造られた世界は、神ご自身がご覧になって満足するような「良き世界」であった、悪は神から出たものではない、ということでした。

それでは、そのような世界に、悪や苦しみがどうして生じてきたのでしょうか。それは、最初の人アダムとエバが神から離反してしまったからである、と聖書は教えています。旧約聖書の最初の書物である創世記の三章に、その「悲劇」が語られています。神を信頼し、神の愛のうちに生きていた彼らが、神を信頼することをやめ、神に背を向けて生きるようになったとき、彼らは自己中心になり、まず彼ら自身の信頼関係にヒビが入りました。互いに不信感を抱き、自分を隠すようになり、自分の失敗の責任を他者に転嫁するようになったのです。

私たち人間が最も悩むのは、人間関係ではないでしょうか。他の人を信頼することができなくなったり、他の人の真実に応えられない自分のエゴイズムに悩んだりする私たちです。自分が何か失敗するとき、必ずと言ってよいほど、周囲のだれかのせいにする私たちです。孤独の中に逃げ込んだりしますが、それもつらいことです。神に対して心を閉じた私たち人間は、お互いの間でも心を閉じてしまいます。神が絶対的な愛で、自分を愛し、認め、受けいれてくださっているという安心を失った私たち人間は、自分で自分の価値を、自分自身にも他の人に対しても「認めさせ」なければならず、いつでも背伸びをしているようなところがあります。私たちの心の中には、優越感と劣等感がいつも背中合わせで存在します。神の御手の中で憩うことができなくなった人間の悲劇です。

そのような人間の心のうちにある罪と苦しみだけでなく、創世記三章を読み進むと、エバが出産の時、苦しむようになること、アダムが額に汗を流して働かなければならなくなること、つまり労働の苦しみのことも語られています。罪の結果、「土地は……のろわれてしまった。あなたは、一生、苦しんで食を得なければならない」(一七節)と言われています。そして、やがて「ちりに帰る」ことになるとあります(一九節)。つまり、死ななければならなくなったのです。あらゆる命の源である神ご自身と霊的なつながり、命のつながりを失ったのですから、当然、永遠に生きることができなくなったのです。

創世記四章に進むと、悲劇はさらに広がります。アダムとエバの間に生まれた兄弟、カインとアベルの間に、なんと殺人事件が起こるのです。兄のカインが弟のアベルを妬んで、殺してしまったのです。人間同士の争い、憎しみは殺し合いにまで発展し、それは個人の枠を越え、集団同士の争いとなり、国家間の戦争になり、二十世紀の世界大戦にまで悲劇は拡大していきます。人間の歴史は、悲しいかな、戦争の歴史です。そして、この七十年間、戦争をしないできた日本が、安倍政権のもとで、戦争をする国になろうとしています。あれほどの悲惨な体験をしていながら、「平和のため、防衛のため」と大義名分を掲げて、再度戦争に進もうというのです。(戦争はいつでも、「平和のため」「防衛のため」です!)

新約聖書のヤコブの手紙四章一～二節にこう記されています。

「何が原因で、あなたがたの間に戦いや争いがあるのでしょう。あなたがたのからだの中で戦う欲望が原因ではありませんか。あなたがたは、ほしがっても自分のものにならないと、人殺しをするのです。うらやんでも手に入れることができないと、争ったり、戦ったりするのです。」

まさに、人間の罪の結果、争い、戦うという悪が生じてくるのです。そして、こうした悲惨な事態も、「神さま、どうしてこのような世界を造ったのですか」と、神にその責任を転嫁しようとする私たちです。

多くの悪や苦しみ、悲惨な事態が世界にありますが、その多くが直接人間自身に由来しているのを見ることができます。利潤追求のため過重な労働を課した結果、運転手が居眠りをし、高速バスの悲惨な事故が藤岡で生じました。三十年前、日航のずさんな安全管理のために、日航機は群馬県の御巣鷹山に墜落、乗員、乗客の大半が命を落としました。身近なところでは、飲酒運転によってどれだけの交通事故が起こっていることでしょうか。朝鮮民族に対する偏見と人種差別によって、関東大震災の時、罪もない多くの朝鮮人―韓国人が虐殺されました。ナチスのユダヤ人迫害によって、実に六百万人ものユダヤ人が殺されました。こうして人間の罪によって生じた災い、悲劇のリストは延々と続きます。

しかし、そのような状況にあっても、神は人間を見捨ててはおられないことを、聖書から教えられます。神はアダムに対して「あなたはどこにいるのか」と語りかけました。神はアダムの居場所を知らなくて、質問しておられるわけではありません。「あなたはどこにいるのか」と問いかけることで、アダムが自分の現状に気がつき、神に立ち返るよう促しておられるのです。同様に、弟を殺したカインに対しては、「あなたの弟はどこにいるのか」と問いかけます。カインは「私が弟の番人なのか」とふてくされますが、ここでも、神はカインに自分の犯した罪の大きさに気がつくよう問いかけておられるのです。アダムやカインに始まる人類の歴史において、神はずっと私たちに語りかけてきてくださいました。今もそうです。俊介さんにも問いかけておられます。「あなたはどこにいるのか」と。

今回は、ここまでにしましょう。暗い話題が多くなってしまいましたね。罪の話ですから、やむをえませんね。私たち人間にとって、自分の罪に向き合うことが、再生の第一歩なのですから。

引き続き祈っています。

二〇一五年六月二十七日

内田和彦

第22信　神は私たちをロボットとして造られなかった――

矢尾板俊介様

今週は梅雨空が続いていますが、今日はどのようにお過ごしでしょうか。昨日、片柳先生がお宅に伺ったり、一昨日、家内が電話でお母様と話す機会があったりして、俊介さんの近況を知ることができ、感謝でした。先週の第二十一信は、俊介さんの疑問に光を当てるものとなったようですね。

さて、今回も俊介さんの質問への答えを続けます。「全知全能の神、しかも愛の神がおられるなら、どうしてこの世界に悪がはびこり、様々な苦しみや痛み、災いが存在するのか」という問いに対して、これまでお伝えしてきたことは、要約すれば以下の二点です。

1　神が悪をもたらしたのではない。神ご自身は、私たちが真の意味で幸せに生きることを望んでおられる。

2　悪や苦しみは、人間が神から離れ、神に背いた罪の結果生じてきたものであり、実際、世界に存在する多くの悪、苦しみ、悲惨な事件が人間によってもたらされている。

しかし、このところで、さらに疑問が湧いてきます。「それでは、どうして神は、人間が罪を犯すことができないように造らなかったのか」という疑問です。

旧約聖書の創世記の二、三章を読むと、罪の起源について次のように描かれています。神は最初の人アダムをエデンの園で生きるようにされました。「神である主は、その土地から、見るからに好ましく食べるのに良いすべての木を生えさせた」のです（二章九節）。そしてアダムにこうおっしゃいました。「あなたは、園のどの木からでも思いのまま食べてよい。しかし、善悪の知識の木からは取って食べてはならない。それを取って食べるとき、あなたは必ず死ぬ」（二章一六～一七節）。神はアダムにこのように警告なさいました。

しかし、アダムとエバは結局のところ、この警告を無視することになりました。神を信頼しているゆえに、神が自分に良いものを用意してくださっていると信じて、そのような命令、警告を与えられた理由を理解できなくても、彼らは善悪の知識の木からは実を取って食べることをしていなかったのですが、あるとき、その禁を犯してしまいました。それが罪の発端、罪の起源です。先週お伝えしたように、その結果、彼らは自己中心になり、急な坂を転げ落ちるようにして、悪を行うようになってしまいました。

そこで、私たちの心に疑問が生じます。「神はどうして、『善悪の知識の木からは取って食べてはならない』と言ったのか。そもそも、『取って食べてはならない』というような禁止を与えなければ、神の命令に背くことはなかったのではないか。いや、『取って食べてはならない』というような木を植えたとしても、それに背くことがないように、アダムを造らなかったのか。全能の神であれば、絶対に神に背かないように人間を創造することができたはずではないか。」

この疑問を思い巡らし、この疑問を招く、エデンの園の禁止命令を考えていくとき、私たち人間という存在の本質に関わる重要な真理が浮かび上がってきます。それは、人間の自由意志です。私たち人間は自由意志を持つ者として造られたということです。

神に絶対背くことがないように人間を造ることはできたでしょうか。全能の神であれば「できた」と答えたいところですが、答えは「ノー」です。正確に言うと、神は、ご自身に絶対に背くことがないように「生物」を造ることができたかもしれませんが、ご自身に絶対に背くことがないように「人間」を造ることはおできになりませんでした。もし「絶対に背くことがないように」というのであれば、そこには自由意志がないのであって、それはもはや「人間」ではないからです。自動的に神に従い続ける生き物であれば、それはロボットのような生き物であって、人間ではないからです。

どうして、自由意志がそれほど大切なのでしょうか。それは、自由意志のないところに「愛」はないからです。人格はないからです。もし女性が男性に向かって「あなたに大きな借金があるから、仕方ない。結婚します」と言ったとしたら、それは本当の愛ではありません。そのような結婚は破綻するでしょう。俊介さんに好きな女性ができて、彼女と結婚をするとしたら、他の女性を選んで結婚する自由があっても、彼女と結婚するということでしょう。そうでなかったら、相手の女性は少しも嬉しくはないでしょう。「この世界にたくさんの女性がいるけれど、ボクはキミと結婚したい。他の女性を選ぶ自由があるけれど、ボクはキミを選びたいのだ」と言ってこそ（実際に、そういう言い方はしませんが）、相手は嬉しく思うはずです。自由意志によらない選択、機械的なプロポーズであれば、女性から「いい加減にして！」と言われて、蹴っ飛ばされるでしょう（笑）。

神は、私たち人間が、「神に従うことも従わないこともできるが、神に従う」「神を信頼することもできるし、信頼をやめることもできるが、神を信頼する」という状況で、私たちが神に従い続け、信頼し続け、愛を表すことを願っておられました。そうでなければ、自由意志に裏づけられた真の愛とは言えないからです。そしてまさに、「私は神を愛さないこともできるが、神を愛し続ける」という真の愛と信頼の試金石が、エデンの園にあった「善悪の知識の木」であり、その木からは取って食べてはならない、という禁止命令だったのです。お分かりいただけるでしょうか。

真の愛は、そのようなわけで、自由意志を前提としています。自由意志がなければ、人格はありません。まさに、その自由意志を象徴的に表すものが「善悪の知識の木」なのです。ですから、「絶対に神に背くことのない」ように人間を造ることはできません。そのような人間はもはや人間ではないからです。神はいわば、私たちと「対等に」人格的な交わりを持つ相手として私たちを創造されたのです。そこで、罪を犯す可能性がありながら、あえてそのような人間を創造されたのです。

神は私たちに、自分の意志に基づく決断、選択を望んでおられます。神を信じるということも、そうです。ですから、俊介さん自身が決めなければなりません。選ばなければなりません。神さまは俊介さんに「わたしを信じなさい」と語りかけておられると思います。それに応えるか、無視するか、それは俊介さんの意志次第です。お母様も、俊介さんに代わって決断することはできません。俊介さん自身の課題です。それにどう応答するか、それによって、これからの人生に大きな違いが生じてくると思います。神を信頼する決断は、ロボットになることではなく、真の人間になる道を選ぶことです。神は自由意志を重んじられる方だからです。それだけに重要な決断、重い決断です。

少し理屈っぽくなりましたが、続きはまた後で。引き続き祈っています。

内田和彦

二〇一五年七月四日

第23信　悪魔の巧妙な誘い

矢尾板俊介様

しばらく梅雨空が続いていましたが、まるで梅雨明けのような夏日になっています。今いかがお過ごしでしょうか。この間の日曜日には、教会でお会いでき、感謝でした。また、来られるときには、ぜひおいでください。キリスト教信仰について考えたり学んだりすることと、礼拝の場に身を置くことは、必ずしも同じではありません。後者には、知的な理解を超えた、全人格的な体験があるからです。

さて、「全知全能の神、しかも愛の神がおられるなら、どうしてこの世界に悪がはびこり、様々な苦しみや痛み、災いが存在するのか」という問いに対して、これまでお伝えしてきたことは、三つのポイントになりました。

1　神が悪をもたらしたのではない。神ご自身は、私たちが真の意味で幸せに生きることを望んでおられる。

2　悪や苦しみは、人間が神から離れ、神に背いた罪の結果生じてきたものであり、実際、世界に存在する多くの悪、苦しみ、悲惨な事件が人間によってもたらされている。

3　神は、私たち人間が罪を絶対犯さない「ロボット」のような存在ではなく、自由意志を持つ者として造られた。自由意志がなければ人格はなく、真の愛もないからである。神は私たち人間が自分の意志で神を信頼し、神を愛することを望んでおられる。

すると、結局のところ、その自由意志を濫用して、神に背を向ける道を選んでしまった人間に、すべての悪と災いの責任があるのでしょうか。

確かに、悪や災いの多くが人間自身の過失によるものだとしても、それ以上の何か、人間の力以上の何かがあることを感じるのではないでしょうか。

実際、聖書は、人間を不幸に陥れようとする存在があること、人間を巧みに誘導して悪に誘い込み、神から離反させた者が存在することを教えているのです。それは、聖書が「サタン」とか「悪魔」と呼んでいる存在です。

「サタン」、「悪魔」、そして「悪霊」といった、悪を行い、人間を神から引き離し、それによって神に敵対しようとする霊的な存在がどうしているのか、聖書は必ずしも明確に説明していません。何回か前の手紙に書いたように、神と悪魔の二元論ではないので、悪の勢力が勝利を収めることはないのですが、私たち人間の目には、まるで勝利を収めたかのように見えることもあります。私たちは、神が早くそのような闇の力を打ち砕いて、愛と平和の世界を再創造してくださらないのだろうかと思いますが、この問いは、何週間か後の手紙でまた取り上げることにします。

ともあれ、「最初の人」アダムとエバがエデンの園で生活している場面で、そこに「蛇」の姿をとった悪魔が登場するのです。旧約聖書の創世記三章です。前回も触れたこの箇所を、今回はもう少し詳しく概観しましょう。先週お伝えした人間の「堕罪」は、悪魔の誘惑によるものでした。この箇所を読むと、悪魔がいかに巧妙に人を誘導したかが分かります。悪魔は、「園の中央にある善悪の知識の木」から取って食べてはならない、という神の指示を直接には聞いていないエバに近づきます。そして、狡猾な「蛇」はこう質問したのです。

「あなたがたは、園のどんな木からも食べてはならない、と神は、ほんとうに言われたのですか。」(三節)

実に巧みな誘導質問です。神が実際に言われたのは、「園のどの木からでも思いのまま食べてよい」ということでした。それに但し書きとして、「しかし、善悪の知識の木からは取って食べてはならない」と命じられたのです。そして、「それを取って食べるとき、あなたは必ず死ぬ」と警告なさいました。

まず、「大きな肯定、大きな許可」があり、それに「小さな否定、小さな禁止」を付け加えられています。最初の人アダムは、大きな自由が与えられ、それに一つだけ制限が加えられたのです。
ところが、上記の「蛇」の言葉は、まるで神ご自身が全面禁止をなさったかのように語り、そんなひどいこと、厳しいこと、不当なことを、本当に神が言われたのか、と問いかけるものでした。神が言っていないことを言っているかのように語り、その不当性を訴えるものなのです。
もちろん、エバは否定します。しかし彼女の心には、「蛇」が蒔いた「不信」の種が芽生えてしまっています。それでエバは、「蛇」にこう答えました。

「私たちは、園にある木の実を食べてよいのです。」（二節）

神が言われた「園のどの木からでも思いのまま食べてよい」という言葉からだいぶ後退してしまっています。そして、エバは、こう続けました。

「しかし、園の中央にある木の実について、
神は『あなたがたは、それを食べてはならない。それに触れてもいけない。
あなたがたが死ぬといけないからだ』と仰せになりました。」（三節）

神は「触れてもいけない」とは言われませんでした。エバの心には、神の言われたことが、とてつもなく厳しいものに思われてきたのでしょう。「蛇」の思う壺です。このように動揺し、神への信頼に影が差してきたエバの心に、悪魔は決定打を打ち込みます。

「あなたがたは決して死にません。あなたがたがそれを食べるその時、あなたがたの目が開け、あなたがたが神のようになり、善悪を知るようになることを神は知っているのです。」(五節)

まるで、「神はずるい」と言わんばかりです。そして、悪魔は見事に成功を収めました。エバは、神が命じられたことより、「蛇」の言葉に従い、禁じられた木の実を取って食べました。夫のアダムもまた食べました。こうして悪魔は、人間が神に逆らうよう、誘惑することに成功したのです。

紙面が尽きましたが、こうした闇の力について、次回もう少し説明したいと思います。

主の平安を祈りつつ、第二十三信を送ります。

二〇一五年七月十一日

内田和彦

第24信　過小評価も過大評価もせずに

矢尾板俊介様

今週は、夏日から一転して台風の影響で本降りの雨、今日も雨模様ですが、体調はいかがでしょうか。西日本のほうはかなり被害が出たようですね。自然の災害だけでなく、今週は、日本の国全体が揺れ動くような日々が続きましたね。戦争はいつでも「平和のため、国を守るため、国民の安全のため」ということで始まります。日本が戦争に進むのを何としても食い止めなければなりません。

「全知全能の神、しかも愛の神がおられるなら、どうして、この世界に悪がはびこり、様々な苦しみや痛み、災いが存在するのか」という問いに対する答えを、今日も続けます。これまでお伝えしてきたことを、いつものようにまとめましょう。

1　神が悪をもたらしたのではない。神は私たちの幸せを望んでおられる。
2　悪や苦しみは、人間が神から離れ、神に背いた罪の結果、生じてきた。
3　神は、私たち人間を「ロボット」ではなく、自由意志を持つ者として造られた。しかし、人間はその自由意志を濫用して、悪を選んでしまった。

4　悪や災いが多くある背後には、人間を巧みに誘導して悪に誘い込み、神から離反させた「サタン／悪魔」が存在している。

悪魔、サタンについて、聖書がどう教えているか、もう少し見ていきたいと思います。この存在について、私たちは「過小評価」もしてはならないし、「過大評価」もしてはなりません。「過小評価」とは、「悪魔なんていない、そんなのは妄想にすぎない、いても、気にしなくてよい、大したことはない」と思うことです。確かに、中世の戯画、風刺画、カリカチュアに見られるような、尻尾をはやし、槍を持って飛び跳ねているような姿を思い浮かべるなら、そんな気持ちにもなるでしょう。そのような「悪魔」なら、私も一笑に付すでしょう。

悪魔の存在は目に見えません。しかし、霊的な存在、人格的な存在ですから、私たちの心に、思考のうちに働きかけてくるのです。ヒトラーがドイツ国民を扇動し、「ユダヤ人にすべての悪の元凶がある」と訴え、六百万人ものユダヤ人を殺戮したホロコーストの背後には、悪魔的な力があったと言えるでしょう。中国大陸で、あるいは東南アジアで、住民を日本軍が殺害していったことも、今日の私たちから見れば、狂気としか言いようがありませんが、まさにそのように人間の良心を麻痺させ、冷静な判断をさせなくするところに、悪魔の策略があるのです。

悪魔の常套手段の一つは、人間と人間の信頼関係を破壊することです。私たち人間は神のかたちに造られた者であり、互いに愛し合い、助け合う存在ですから、そのような関係を破壊することは、まさに悪魔の「喜び」なのです。それで、家庭でも、職場でも、ちょっとしたことで、「赦せない」という思い、不信感、頑固な態度を私たちがとるなら、悪魔は大喜びしているのです。悪魔は「不信」の種を私たちの心に蒔いて、私たちが傷つき、孤立していくように仕向けるのです。

『ナルニア国物語』を書いたC・S・ルイスは、隠れたベストセラー『悪魔の手紙』という本も書いています。悪魔がどのようにして私たちの心を神から引き離し、愛を失わせるか、その巧みな戦略が描かれている傑作です。余談ですが、英国の大学で物理学を教えていた私の友人が、「もし無人島でしばらく住むことになり、聖書ともう一冊本を持って行ってよいということになったら、私は『悪魔の手紙』を持って行く」と言っていたことを思い起こします。

イエス・キリストはヨハネの福音書八章四四節で、悪魔は「偽り者であり、また偽りの父である」と語っておられます。確かに、前回書いた「エデンの園での堕罪」のように、巧みに「嘘」を混ぜることによって、自分の思いを遂げようとするのです。

さて、悪魔の存在を「過大評価」するとは、どういうことでしょうか。それは、何でもかんでも、何か悪いことが起こってくると、悪魔のせいにすることです。悪魔の存在を怖がったりすることも、そうです。悪魔の力を恐れ、おびえて、心の自由が奪われれば、それこそ悪魔の思う壺です。確かに悪魔は巧妙で、私たちを罪に陥れようとしますが、悪魔の力は絶対ではありません。『ナルニア国物語』でルイスが描いているように、愛と真実によって悪魔の力は打ち破られていくのです。しかし、その愛と真実は、私たちが神に心を開いていくときに与えられるものです。神の愛と真実の極致がイエス・キリストの十字架の犠牲です。

新約聖書のヘブル人への手紙という書物、二章一四〜一五節には、イエスの十字架の死によって、悪魔という、死の力を持つ者を滅ぼされ、一生涯死の恐怖につながれて奴隷となっていた人々が解放された、と言われています。

何度も『ナルニア国物語』に言及しますが、第一巻の『ライオンと魔女』では、魔女に捕われてしまった少年を、その力から解放するために、ライオンが自分の命を犠牲にします。魔女は悪魔、ライオンはイエス・キリストのことです。魔女はライオンの命を奪って勝利に酔いますが、ライオンはその後に復活します。まさにイエス・キリストそのものです。

悪魔の力は限定的であって、絶対的なものではありません。ですから、過大評価してはなりません。しかしまた、もう一つの過大評価があります。それは、私たちが何か悪いことをすると、それをすべて悪魔のせいにすることです。これもまた悪魔にとっては思う壺です。私たちが自分の罪や悪をだれかのせいにして、自分の非を認めないうちは、神が与えてくださる罪の赦しを決して受けいれないからです。頑なに心を閉じ、「自分は悪くない。自分がこうなったのは××のせいだ」と自己正当化をする。そうしているうちは、「神さま、私を赦してくださ い」と祈ることはないでしょう。私たちがそのような状態であるかぎり、悪魔はほくそ笑んでいるのです。ですから、自分の罪や悪を「悪魔のせい」にしてくれても、悪魔としては一向に困らないのです。要するに、神の助けと赦しを叫び求めなければ、それで良いのですから。悪魔の意図は、私たちを神から切り離すことですから。

そのような意味で、私たちは悪魔を過小に評価することも、過大に評価することもしてはなりません。さて、本当はもう少し、悪魔によってもたらされる災いについて説明したかったのですが、また紙面が尽きました。それは、文明の進歩によってもたらされる「良き物」が、私たちの心や生活や自然環境を破壊し、いつの間にか「悪い物」に転じている、そのような現実のうちに認められる悪魔の巧妙な働きです。

主の平安を祈りつつ、第二十四信を送ります。

内田和彦

二〇一五年七月十八日

第25信　良き物が、いつの間にか悪い物に

矢尾板俊介様

今週は猛烈な暑さでしたね。いかがお過ごしだったでしょうか。

お母様から聞いておられるかもしれませんが、実は、一昨日、教会員のKさんという方が召天されました。（クリスチャンは、「召天」という言い方をします。）六十六歳、私より年下の方です。心筋症という心臓の難病を発症し、四週間ほど前に心肺停止になり、日赤のＩＣＵに入り、その後わずかに回復しましたが、限界でした。

そのために、昨日は納棺式、今日は、明日、明後日の葬儀の準備で、なかなか時間が取れませんでした。今日も早、夕方になってしまいましたが、手紙を待っていてくださる俊介さんの顔が目に浮かび、短くてもお送りしようとパソコンに向かっています。

前回、こう書きました。「もう少し、悪魔によってもたらされる災いについて説明したかったのですが……。それは、文明の進歩によってもたらされる『良き物』が、私たちの心や生活や自然環境を破壊し、いつの間にか『悪い物』に転じている、そのような現実のうちに認められる悪魔の巧妙な働きです。」

たとえば、科学が発達することは基本的に良いことなのですが、その結果、とんでもない兵

器が作り出されてきました。そのピークに核兵器があります。医学の発達も、多くの恩恵をもたらしてきました。しかしまた、その結果、得た長寿が、必ずしも人に幸福をもたらしているとは限りません。新しい薬が開発されるのは朗報ですが、その薬に「負けない」ウィルスが出てきたりします。交通網の発達で、地球規模で移動することが可能になりました。その結果、感染症も世界中に広がります。

三十年ほど前、何度かフィリピンに行き、貧しい人たちの生活を見てきました。帰国して、いかに日本が豊かなことかと思いました。しかし、あのマニラのスラム街の子どもたちのキラキラした目と比べ、日本の子どもたちの目に生気がないのが気になりました。物質的な豊かさはまた、様々な腐敗や争いの種となります。

このように「良き物」が罪の結果、あるいは、悪魔的な「誘導」(うまい言葉が見つかりませんので、とりあえずこの言葉を使います)によって、しばしば「悪しき物」となってしまうのです。

悪魔は決して姿を現しません。むしろ、隠れたところで、争いの種を蒔いたり、人の貪欲やプライドを刺激したりして、結果として人間から幸福を奪っていきます。

問題は単純ではありません。すべてを悪魔のせいにして責任逃れをしてはいけないし、悪魔の存在を無視してもいけません。どうやって悪魔の策略を見抜くのか、それは、聖書の言葉、神の言葉に耳を傾けることです。エデンの園で悪魔の誘惑に負けたアダムとエバは、神が語られたことを正確に把握していませんでした。彼らを「反面教師」にして、私たちは聖書の教えをしっかりと理解して、自分のものとしていきたいと思います。

短いのですが、引き続き主の癒やしを祈りつつ、第二十五信を送ります。

二〇一五年七月二十五日

内田和彦

第26信　自分自身は特別に悪くなくても――

矢尾板俊介様

猛暑の日々が続きます。俊介さんは入院中と伺いました。でも、この手紙が届くころは、自宅にお戻りのことかと思います。全き癒やしを祈りつつ、第二十六信に向かっています。

さて、例によって、これまでお伝えしてきたことを振り返ることから始めましょう。

「全知全能の神、愛の神がおられるなら、どうして、この世界に悪がはびこり、様々な苦しみや痛み、災いが存在するのか」という問いに答えるために、まず、「そもそも苦しみ、痛み、災い等の『悪』は、どうして存在するのか」という疑問に答えてきました。ポイントは四つありました。

1　悪をもたらしたのは神ではない。神は私たちの幸せを望んでおられる。

2　悪や苦しみは、人間が神から離れ、神に背いた罪の結果、生じてきた。

3　神は、私たち人間を「ロボット」ではなく、自由意志を持つ者として造られた。しかし、人間はその自由意志を濫用して、悪を選んでしまった。

4　悪や災いが多くある背後には、人間を巧みに誘導して悪に誘い込み、神から離反させる

「サタン／悪魔」の存在が見え隠れしている。

加えて、もう一つ、第五のポイントを指摘したいと思います。

5　自分自身は特別に悪くなくても、罪によって損なわれた世界に生きているゆえに、悪や災いにあうことがある。

新約聖書のルカの福音書の一三章の初めのところに、当時起こった二つの「事件」の話が出てきます。一つは、ローマ総督ピラトがガリラヤ人たちを殺戮した事件、もう一つは、エルサレムのシロアムというところにあった塔が倒壊して十八人の人が落命した事件です。イエス・キリストはこの二つの事件に言及して、この災いにあった人たちは、周囲の他の人たちより、特別に罪深かったわけではない、と語っておられます。

ピラトによる殺害事件がどうして起こったのか、二千年前の事件ですから、事情は分かりません。「人災」と言うべき事件かもしれませんが、正確には分かりません。塔の崩壊も、もしかしたら建築した人の設計ミスだったのかもしれないし、建てた人の手抜きがあったのかもしれませんから、人災の可能性はあるでしょう。しかしこの二つの事件は、人は、特に悪人でなくても、災いに巻き込まれてしまうことがあるという事実を示しています。

それから、ヨハネの福音書九章の初めには、こんなやりとりが記されています。


「またイエスは道の途中で、生まれつきの盲人を見られた。

弟子たちは彼についてイエスに質問して言った。

『先生。彼が盲目に生まれついたのは、だれが罪を犯したからですか。この人ですか。その両親ですか。』

イエスは答えられた。

『この人が罪を犯したのでもなく、両親でもありません。神のわざがこの人に現れるためです。』」（一〜三節）

生まれつき目の見えなかったこの人は「だれのせいで、目が見えなくなったのか」と弟子たちは尋ねました。「本人の罪のせいか、あるいは親の罪のせいか」と質問したのです。これは、仏教などに見られる「因果応報」という考えです。しかしイエスは、「だれかのせい、ということではない、神のわざがこの人に現れるためです」と答えられました。

この二つの箇所は、私たちはこの世界の歪みや混乱から離れて生きられるわけではないので、災いにあうことがあり得るということを明らかにしていると思います。先日の調布飛行場の飛行機墜落事故で、巻き込まれて亡くなった女性の方も、本人に直接責任があったわけでないのに、まさに災いにあったことでした。

このことから、大きな第二の問いに私たちは移っていきます。それは、「神はどうして、悪や災いから、私たちを守ってくださらないのか。どうして悪や災いを放置されるのか」といった問いです。第一の問いより、もっと問題の核心を突いた問いです。これについては、七つほどポイントを挙げていきます。

今回も短い手紙ですが、お許しください。今日は、先日亡くなられたKさんのご家族が来られ、加えて、予定外の（アポなしの）面談が三件あり、午後いっぱいかかってしまいました。

引き続き主の癒やしを祈りつつ、第二十六信を送ります。

内田和彦

二〇一五年八月一日

第27信　フライデーの質問とロビンソンの答え――

矢尾板俊介様

相変わらず猛暑の日々ですが、その後、いかがお過ごしでしょうか。

私のほうは、今週初めに、私たちの教会が所属している日本福音キリスト教会連合の北関東地区の「夏期聖会」という集まりが終わって、ちょっとホッとしています。というのも、今年は、五年に一度巡ってくるこの集まりの「当番教会」で、準備委員長としての責任を果たさなければならなかったからです。普通でしたら、「たいしたこと」ではないのですが、聖書の全面改訂の責任を負っており、締め切りが近づいているので、正直なところ、少々重荷に感じていました。しかし教会の皆さんが、積極的に動いてくださって、参加人数の面でも、内容の面でも、とても良い聖会になり、感謝しているところです。「聖会」というのは、日常の生活から離れ、聖書の言葉にじっくり耳を傾ける特別な時と言ったらよいでしょうか。

さて、第二十六信でお伝えしたように、今回から、大きな第二の問いに移っていきます。それは、「神はどうして、悪や災いから、私たちを守ってくださらないのか。どうして、悪や災いを放置されるのか」という問いです。

第一の大きな問いは、「そもそも苦しみ、痛み、災い等の『悪』は、どうして存在するのか」というものでしたが、これは予備的な問いで、今日から問題の核心に入っていきます。

この問いに対しても、いろいろな側面から考察していくことが必要です。答えは単純ではなく、様々な現実を見る必要があるからです。様々な真理の側面を、聖書から教えられるのです。「なぜ、神は悪や悲惨をなくしてしまわれないのか、どうして放置しておられるのか」という問いに対する第一の答えは、「神は、むしろ、あわれみのゆえに、罪や悪を一掃しないでおられる」ということです。

俊介さんは、『ロビンソン・クルーソー』をご存じでしょう。子ども時代に読んだという人が多いと思います。船が難破し、無人島にたどり着いた人の話です。

残念ながら、私自身もそうでしたが、たいていの人は、『少年少女文学全集』といった子ども向けの版を読んでいて、大人向けの、本来の『ロビンソン・クルーソー』を読んでいません。「完訳」が中公文庫や岩波文庫で出ていますので、いつか読まれると良いと思います。人生について、実に示唆に富んだ言葉が記されている本です。

さて、無人島でひとり暮らしをしていたロビンソンでしたが、フライデーという一人の青年を助け、二人で生活するようになります。ある日フライデーとロビンソンは、おおよそこんなやりとりをするのです。[*5]（Fはフライデー、Rはロビンソン）

F「あなたは、神様が強い方、偉大な方だとおっしゃいましたが、神様は、悪魔ほどには強い方ではないのですか。」
R「フライデー、神様は悪魔よりずっと強いお方なんだ。」
F「しかし、もし神様が悪魔よりずっと強いお方であるとすれば、なぜ神様は悪魔が邪悪なわざをしないように、悪魔を殺してしまわないのですか。」
ロビンソンは、この問いにしばらく考え込みます。そして、こう答えました。
R「……それは、お前や私が神様のみこころにかなわないことをしたとき、なぜ神様がお前や私を殺してしまわないのか、と尋ねるのと同じなのだ。」

分かりますか。神が正義の神で、あらゆる悪を一掃されるとすれば、私たち自身も、その対象となってしまう、と言ったのです。もし、神が「正義」だけの方であれば、私たち自身も含めて、大半の者が神から退けられ、滅びることになる、ということなのです。

裏返せば、神は私たちをあわれんで、罪深い現実に対して、直ちに正義を執行するのでなく、忍耐をもって待っていてくださる。私たちが自分の罪に気がついて、悔い改め、神に立ち返るのを待っていてくださる、ということなのです。

旧約聖書の哀歌という書物の三章二二節に、「私たちが滅びうせなかったのは、主の恵みによる。主のあわれみは尽きないからだ」という言葉があります。

また、新約聖書のペテロの手紙第二の三章九～一〇節には、「主は、ある人たちがおそいと思っているように、その約束のことを遅らせておられるのではありません。かえって、あなたがたに対して忍耐深くあられるのであって、ひとりでも滅びることを望まず、すべての人が悔い改めに進むことを望んでおられるのです」とあります。

ここで「約束のこと」とあるのは、神がこの世界に決定的に介入して、世界を再創造してくださることです。まさに、すべての悪が一掃され、正義と愛と平和に満ちた世界が実現することなのです。その約束がなかなか実現しない。その約束は反故になったのではないか。そもそも、そのような正義と愛の神はおられないのではないか。そのような疑問を抱く人々に対して言われた言葉です。「神は、決して約束の実現を遅らせているのではない。むしろ、私たち罪深い人間に対して忍耐してくださっているのだ。それはすべての人が悔い改めに進むことを望んでおられるからだ」というのです。

次回は、「苦しみによって、私たちはより大きな災いから守られている」という現実について説明したいと思います。

ただし、実は、来週一週間、休暇になり、前橋を離れます。それで、二月以来、一度も休まずお便りをお送りしてきましたが、来週はお休みさせてください。十七日（月）には前橋に戻りますので、その週末、二十二日には、第二十八信を書きたいと思います。お便りは出せなくても、毎日、俊介さんのため、祈り続けていきたいと思います。

二〇一五年八月八日

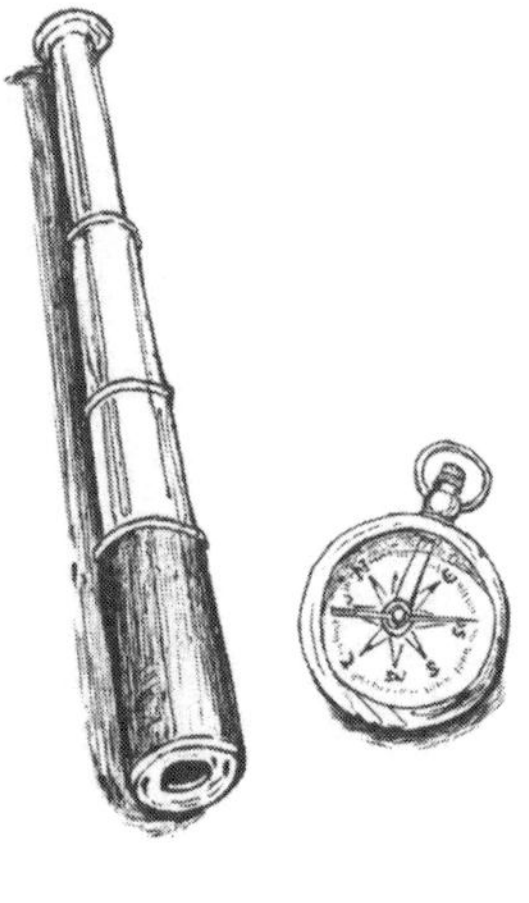

内田和彦

第28信　苦しみによって、より大きな災いから守られる

矢尾板俊介様

今週は梅雨のような日が、何日かありましたが、週末の今日、暑さが戻ってきていますね。いかがお過ごしでしょうか。

確か、昨日はMRIと胃カメラの検査の日でしたね。さらに病巣が小さくなり、今後のことについても適切な判断が下され、引き続き良い方向に向かうよう祈っております。同時に、俊介さんご自身、またご両親の心に平安が与えられるようにと祈ります。

そう言えば、二週間ほど前に、聖書翻訳の「新約主任最終案」でヨハネの福音書に取り組んでいたとき、一四章二七節にある次の言葉が心に留まり、同時に俊介さんのことを思い起こしました。主イエス様が「最後の晩餐」の席で、不安を覚えていた弟子たちに語られた言葉です。

「わたしは、あなたがたに平安を残します。わたしは、あなたがたにわたしの平安を与えます。わたしがあなたがたに与えるのは、世が与えるのとは違います。あなたがたは心を騒がしてはなりません。恐れてはなりません。」

さて、前回から、「神はどうして悪や災いから私たちを守ってくださらないのか。どうして悪や災いを放置されるのか」という問いに向かっています。答えは単純ではなく、様々な現実を見る必要がある、と申し上げました。様々な角度から答えるべきことですが、その一つは、「神は、むしろ、あわれみのゆえに、罪や悪を一掃しないでおられる」というものでした。ロビンソン・クルーソーとフライデーのやりとりを紹介しました。もし神がすべてを正すことを直ちになさるなら、大なり小なり「悪」を抱え込んでいる私たちは、神によって一掃されることになる。そこで、神は一定程度の悪を許容し、私たちがご自分のほうに心を向けるのを待っておられるということでした。

今回は、予告したように、第二のポイント、「苦しみによって、私たちはより大きな災いから守られている」という現実です。

確かに、どんな苦しみ痛みもないほうが良いのかもしれません。しかし、痛みや苦しみがまったくないとしたら、現在の世界、自然界の現状では、かえって危険です。私は子どものころ、家のお風呂でやけどをしたことがあります。今の風呂と違い、薪を燃やして水を温める風呂で、正確な構造は忘れましたが、風呂桶に煙突がついていて、そこが熱くなっていたのです。小学生のころ、そこにうっかり触ってしまいました。しかし、その瞬間、「熱い！」と思い、すぐに離れたので、大きな火傷にはならずにすみました。しかし、熱いという感覚がなくて、ずっと触っていたら、大変なことになっていたと思います。

同じようなことが日常生活にたくさんあるでしょう。気分が悪くなったり、お腹が痛くなったりすることで、体の不調が見つかり、早く手当をすることも可能になるわけです。時折、紹介しているC・S・ルイスは、『痛みの問題』という本で、痛みや苦しみは、私たちに大きな危険を知らせる「神のメガフォン」だという言い方をしています。一九四〇年に出版された本ですから、「メガフォン」などという古めかしい表現を使っていますが、分かりますね。「神のラウドスピーカー」と言ってもよいでしょう。苦しみを通して、神が私たちに、もっと大きな苦しみにあわないよう、「大きな声で」警告しておられるということなのです。

ここまでくると、第三のポイントに入りかけているような気がします。それは、「苦しみによって人間はへりくだり、神を求めるようになる」ということです。私たち人間が自分の弱さやもろさ、限界を自覚し、謙虚になるように、神はあえて苦しみを残しておられるということです。

日本の社会には、以前から「苦しいときの神頼み」という言葉があります。苦しいことがあると、神仏に頼りたくなる人間の現実を表しています。でも、苦しみが去ると、また元の生活に戻ってしまうという現実もあります。

確かに、周囲を見回してみると、人生の試練、痛みや悩みの中でクリスチャンになられた、という例は少なくないように思います。大阪で会社を経営していたある男性は、その会社が倒産し、人生に絶望し、鉄道自殺まで考えて踏切まで来ました。しかし、その近くにあった教会の看板を見て、思いとどまり、クリスチャンになりました。その看板には、イエス・キリストが語られた次の言葉がありました。「すべて、疲れた人、重荷を負っている人は、わたしのところに来なさい。わたしがあなたがたを休ませてあげます」（新約聖書・マタイの福音書一一章二八節）。この方とは後になって教会の用事で何度もご一緒しましたが、いつも笑顔を絶やさない老紳士でした。十年くらい前に召天されました。（クリスチャンは「死」を「召天」と表現します。）

クリスチャンになったら、痛みや苦しみを経験しない、ということでもありません。前にもパウロという人のことを紹介したと思いますが、教会を熱狂的に迫害したパウロは、復活したキリストに出会う経験をして、百八十度方向転換し、キリストを伝える使徒、伝道者になりました。その彼が、トルコの西の地方で死を覚悟することさえしなければならなかったと書いています。コリント人への手紙第二、一章八〜九節です。

「兄弟たちよ。私たちがアジヤで会った苦しみについて、ぜひ知っておいてください。私たちは、非常に激しい、耐えられないほどの圧迫を受け、ついにいのちさえも危くなり、ほんとうに、自分の心の中で死を覚悟しました。これは、もはや自分自身を頼まず、死者をよみがえらせてくださる神により頼む者となるためでした。」

私たちの人生は、やがて体が衰え、いろいろなことが次第にできなくなり、最後に死を迎えます。若い時が一〇〇%だったとすれば、八〇%、五〇%、二〇%と、できることが減っていき、最後には一〇〇%失われ、ゼロになります。でも、そのとき、私たちを支えていてくださる神の愛に満ちた手の中に自分が置かれている経験をするのだと思います。私たちは、人生で痛みや苦しみにあうことを通して、自分の力に頼れないことを知らされ、神の御手に自分を任せていくことを学ぶのです。そして、やがて一〇〇%任せなければならない時のための「予行演習」をするのです。

同時に、苦難を通して私たちは人格的に成長させられます。私のささやかな人生経験でも、振り返ってみると、自分が「成長させられた」のは、困難に直面し、悩みや痛み、悲しみを経験した時であったと気づかされます。こうしたことのために、神はあえて苦しみを残しておられるのだと思います。それではまた！　祈っています。

内田和彦

二〇一五年八月二十二日

第29信　「信じます。不信仰な私をお助けください」

矢尾板俊介様

雨の週末を病院でお迎えですね。昨日、お母様からの連絡で、腹水がたまって急遽入院なさったことを知り、案じております。病巣が検査のたびに小さくなっているという「良い報せ」を聞いた直後に、一転して心配な入院。俊介さんも、ご両親も、さぞかし不安を感じておられることかと思います。

同じ内容の繰り返しになりますが、先週お送りした手紙に記した聖書の言葉をそのままお贈りします。一つはヨハネの福音書一四章二七節でしたね。主イエス様が「最後の晩餐」の席で、不安を覚えていた弟子たちに語られた言葉でした。

「わたしは、あなたがたに平安を残します。わたしは、あなたがたにわたしの平安を与えます。わたしがあなたがたに与えるのは、世が与えるのとは違います。あなたがたは心を騒がしてはなりません。恐れてはなりません。」

もう一つ、迫害者からキリストの伝道者になったパウロが自らの経験に言及しているコリント人への手紙第二、一章八～九節でした。

「兄弟たちよ。私たちがアジヤで会った苦しみについて、ぜひ知っておいてください。私たちは、非常に激しい、耐えられないほどの圧迫を受け、ついにいのちさえも危くなり、ほんとうに、自分の心の中で死を覚悟しました。これは、もはや自分自身を頼まず、死者をよみがえらせてくださる神により頼む者となるためでした。」

俊介さんもご両親も、きっと昨夜はよく眠れなかったでしょうね。不安や絶望感に襲われ、容易に乗り越えられないだろうと思います。しかしそのような中で、今一度、「イエス様、助けてください」と祈っていただきたいと思います。

俊介さんが入院なさったという知らせを受けたとき、私は、締め切りが迫っている聖書翻訳の訳文のチェックをしていました。ちょうどマルコの福音書の九章の確認をしていました。そこに次のようなやりとりが出てきます。

悪霊に憑かれ、てんかんのような症状を起こして転げ回っている息子を、何とか助けてほしいと、父親がイエス様に助けを求めに来た場面です。彼は、「できるものなら、私たちをあわれんで、助けてください」と懇願しました。それに対して、イエス様は「できるものなら、と言うのか。信じる者には、どんなことでもできるのです」とお答えになりました。すると、父親は、「信じます。不信仰な私をお助けください」と叫んだのです。イエス様は、その切なる願いに応え、若者を悪霊から解放されました。

俊介さん自身はまだ信仰の世界の入り口に立っていることですから、このエピソードは、むしろ私自身に対する、神さまからの挑戦のように思われました。「信じます。不信仰な私をお助けください」と祈りました。また、祈り続けていきたいと思います。

もう一つ、知らせを聞いたとき、思い起こしたことがありました。それは、昨年の夏、やはり腹水がたまって、しかも、その時初めて、発病していることが分かって、緊急入院なさった、ある方のことです。その方は、危機的な状況を見事に脱して、今は自宅で療養しておられます。大勢の人のいるところには来られませんが、かなり自由に出かけることができるまでに回復なさいました。困難な病との闘いは続いていますが、昨年の今ごろのことを考えると、夢のような話です。もちろん、俊介さんとその方の病状が一〇〇％同じということではないでしょうが、俊介さんの心に希望の光が灯ってほしいと願い、紹介しました。

どんな状況にあっても、イエス様が共にいてくださるように。いえ、共にいてくださることに気がつくように、俊介さんの「霊の眼」が開かれるようにと祈ります。そして、もちろん、病を克服していくことができるように、病と闘い続ける力が与えられるようにと祈ります。

「いつでも祈るべきであり、失望してはならない。」（新約聖書・ルカの福音書一八章一節）

二〇一五年八月二十九日

内田和彦

第30信　「信じよう」と決断した俊介さんへ――――――

矢尾板俊介様

この週末は、自宅に戻っておられることと思います。予定どおり一昨日、退院なさったでしょうか。できれば、昨日、自宅に伺えればと願っていましたが、かないませんでした。いつでもご連絡いただければ、俊介さんにお会いしたいと思います。

俊介さんが先週末、二十二日に私が書いた手紙をお読みになって、「信じよう」と決断なさったことを片柳先生からお聞きしました。信仰の決心については、お母様もメールでお知らせくださいました。

よく決断なさいましたね。俊介さんご自身の意志による決心であるとともに、そのように促してくださった神さまのお力によることだと思います。信じることも、理解することも、考えることも、愛することも、私たち自身の人格における営みですが、同時に、それを支え、導き、促してくださる神さまのお働きの結果でもあります。

主イエス様が最後の晩餐の席で弟子たちに語られた言葉の一つに、「あなたがたがわたしを選んだのではありません。わたしがあなたがたを選んだのです」といった言葉があります（ヨハネの福音書一五章一六節）。神学の専門用語では「神の主権的な選び」と言いますが、私たちの決断そのものも、神ご自身が与えてくださったものだと聖書は教えているのです。人間の決心は弱いものです。人間の志は挫けるかもしれません。しかし、私たちをサポートしてくださる神ご自身の働きがあるのです。それで私たちは、迷ったり、疑ったりすることはあっても、信じ続けることができるのです。

また、同じヨハネの福音書一章一二～一三節には、こう記されています。

「この方（イエス・キリスト）を受けいれた人々、
すなわち、その名を信じた人々には、
神の子どもとされる特権をお与えになった。
この人々は、血によってではなく、肉の欲求や人の意欲によってでもなく、
ただ、神によって生まれたのである。」

私たちが神さまを信じることができたとすれば、イエス・キリストを救い主として受けいれたとすれば、それは、神によって霊的に新しくされる、霊的な誕生を経験したからなのです。俊介さんのうちに、新しい霊的ないのちが与えられていると信じます。

もちろん、信じる決心をなさったから、新しい霊的ないのちをいただいたから、それで突然何もかも変わるということではありません。俊介さんは俊介さんです。別の人格になってしま

うわけではありません。病気との闘いは続きます。

俊介さんの病気の現状がとても厳しいところにあることを、私も理解しています。祈ったら、たちどころに病巣が消えたとなるなら、どんなに良いだろうと思いますが、そのような思いはかなえられないことが多いのです。しかし先回の手紙に書きましたように、ほとんど絶望的と思われた状況から、お医者さんも驚くほどの回復を得ている方もおられますので、望みを放棄しないで、続けて祈ってまいりましょう。

それとともに、よろしければ、俊介さんの洗礼の準備をしてまいりましょう。

今日は、最後に、使徒パウロが記したコリント人への手紙第二の四章一六節から五章四節までをお贈りします。少し長いのですが、素晴らしい約束です。


「4・16 ですから、私たちは勇気を失いません。たとい私たちの外なる人は衰えても、内なる人は日々新たにされています。
17 今の時の軽い患難は、私たちのうちに働いて、測り知れない、重い永遠の栄光をもたらすからです。
18 私たちは、見えるものにではなく、見えないものにこそ目を留めます。見えるものは一時的であり、見えないものはいつまでも続くからです。
5・1 私たちの住まいである地上の幕屋がこわれても、神の下さる建物があることを、私たちは知っています。それは、人の手によらない、天にある永遠の家です。
2　私たちはこの幕屋にあってうめき、この天から与えられる住まいを着たいと望んでいます。
3　それを着たなら、私たちは裸の状態になることはないからです。
4　確かにこの幕屋の中にいる間は、私たちは重荷を負って、うめいています。それは、この幕屋を脱ぎたいと思うからでなく、かえって天からの住まいを着たいからです。そのことによって、死ぬべきものがいのちにのまれてしまうためにです。」

痛みがおありと伺っています。つらい痛みが、少しでも和らげられるように祈ります。

内田和彦

二〇一五年九月五日

第31信　苦しみによって磨かれる私たち

矢尾板俊介様

その後、体調はいかがですか。痛みはどうでしょうか。少しでも和らげられるようにと祈ります。

遠からず、またお会いしたいと思いますが、手紙は手紙で、できるだけお送りしたいと思います。手紙には、繰り返し読んでいただけるという長所がありますからね。

体調もそうでしょうが、心もきっと上がり下がりがあるでしょう。浮き沈みがあるでしょう。あっても当然だと思います。不安になったり、迷ったりしながらも、少しずつ前に進めるよう祈るものです。

さて、「神はなぜ、悪や苦しみや災いから私たちを解放してくださらないのか」という問いに対する答えを、ここ二、三回中断していますので、とりあえず続けたいと思います。

これまでに述べてきたことは、以下の三つの点です。

1　神はむしろ、あわれみのゆえに罪や悪を一掃しないでおられる。

『ロビンソン・クルーソー』の中に出てくる会話を紹介しましたね。

2　苦しみがあることで、私たちはより大きな災いから守られる。
3　苦しみによって人間はへりくだり、神を求めるようになる。

第四のポイントは、「苦しみによって私たちは磨かれる」ということです。私たちは苦しみを通して人として成長させられる、という現実があります。

ポール・トゥルニエというスイスの精神科医が書いた『苦悩』という書物があります。その最初のところで、ジュネーブの医者ランチュニックという人が書いた「孤児たちが世界を導く」という論文を紹介しています。世界の歴史を動かしてきた人々の、実に多くが、両親ないし一方の親を、子どものうちに亡くしている、とこの医師は論じているそうです。そのような例を、何と三百人も挙げているというのです。[*6]

トゥルニエは、人間にとって「欠乏」がいかに「創造性」を育てるかを示そうとして、この論文を紹介したのでした。もちろん、親を亡くした「孤児」が自動的に優れた人物になるということではありません。しかし欠乏によって、苦しみによってもたらされる何かがあることは確かです。

貧しければ良いということではないし、喪失したら良い、痛みがあれば良いということでもありません。しかし日本の社会の現状を見ても、物質的に豊かで恵まれていますが、戦中、戦後の貧しさに生きていた人たちから見れば、人として生きる力が低下しているように思われます。若い世代の人たちの責任ではないのですが、満ち足りているゆえに失うものがあり、失ったゆえに得るものが確かにある、ということです。
私事で恐縮ですが、ちょうど先日、家内も一緒にお宅に伺い、家内自身の口からも出たことなので……。家内は四歳で、まだ三十代の父を亡くしました。父親の記憶はわずかしかありません。しかし、その家内を見ていると、九十代まで両親とも健在だった私にはない「強さ、たくましさ」があることに気がつきます。芯の強さというか、困難に向かっていく勇気というか、問題があっても挫けない精神力があるのです。
新約聖書のローマ人への手紙五章三～四節に、こう記されています。

「そればかりではなく、患難さえも喜んでいます。
それは、患難が忍耐を生み出し、
忍耐が練られた品性を生み出し、
練られた品性が希望を生み出すと知っているからです。」

トゥルニエは自分自身の体験を語り、「私が、この世で学んだ価値のあるもののほとんどが苦難を通して私に与えられたものだった」と結んでいます。私自身も六十八年の人生を振り返るとき、確かに「苦労」した結果、今の自分があると分かります。

さて、五番目は、第四のポイントの続きとして出てくるものです。それは「自分が苦しむ経験を通して、他の人を助けることのできるものとなる」ということです。これもまた、聖書に語られている真理です。前の手紙でも引用した使徒パウロのコリント人への手紙第二です。その一章四～六節に、こう書かれています。少し長いのですが、そのまま引用します。

「神は、どのような苦しみのときにも、私たちを慰めてくださいます。こうして、私たちも、自分自身が神から受ける慰めによって、どのような苦しみの中にいる人をも慰めることができるのです。

それは、私たちにキリストの苦難があふれているように、慰めもまたキリストによってあふれているからです。

もし私たちが苦しみに会うなら、それはあなたがたの慰めと救いのためです。もし私たちが慰めを受けるなら、それもあなたがたの慰めのためで、その慰めは、私たちが受けている苦難と同じ苦難に耐え抜く力をあなたがたに与えるのです。」

パウロは様々な苦しみを経験してきましたが、その分、神から与えられる慰めも経験してきました。そして、その体験を通して、他の苦しんでいる人を慰めることができるとしているのです。

確かに苦しまないですめば、それに越したことはありません。しかし現実に、人生に苦しみはつきものです。大なり小なり、苦しみをだれもが経験します。けれども、苦しむことは無意味ではなく、私たちを成長させるのです。私たちの人格を磨くのです。神に目を開く機会となり、他の人を思いやる心を育てます。

神は私たちを無意味に苦しみにあわせることはなさいません。苦しみには意味がある。それが聖書の語るところです。

それにしても、つらい日々を過ごしている俊介さんですから、痛みが和らげられるよう、病が癒やされるよう、続けて祈っています。転院のことなど、様子を知らせてください。また伺います。

二〇一五年九月十二日

内田和彦

第32信　この地上の生が最終的なものではない

矢尾板俊介様

日曜日から高い熱で、さぞかし苦しかったことと思います。緊急入院なさったと伺い、案じて祈っておりました。昨日、熱が下がったと伺い、安堵しました。でも、原因はまだよく分からないようですね。連休前に退院できるのでしょうか。

さて、体調のすぐれない俊介さんですから、今回は短めにしたいと思います。「神はなぜ、悪や苦しみや災いから私たちを解放してくださらないのか」という問いとの取り組みは、どうしても理屈っぽくなりますので、今回はどうしたものかと思案しましたが、短く続けることにします。

これまでに述べてきたことにもう一つ加えるとすれば、神さまは、この地上の限りある生が、最終的なものではないことを気づかせるために、私たちの人生にあえて苦しみや困難、破れを残しておられる、ということです。

私は、このことをC・S・ルイスから教えられました。『痛みの問題』という本の中で、彼は次のような指摘をしています。

「私たちはみな、安定した、幸福な生活を求めます。けれども、神はこの世そのものの性質のゆえに、そうした幸福や保障を与えることを差し控えておられます。しかし喜ばしいもの、楽しいもの、心おどるものは、ふんだんに振りまかれています。私たちはこの世ではけっして安全を保障されていませんが、楽しいことはたくさんありますし、うっとりするような瞬間さえ、用意されているのです。

その理由はたやすく理解できるでしょう。私たちが願い求める安全は、私たちにこの世に安住することを教え、神のみもとに帰る道に障碍物を置きます。しかしおりにふれての幸せな愛の語らい、美しい風景、素晴らしい音楽、友人との楽しい団欒、水泳やフットボールの試合などを楽しんでいる瞬間には、そうした危険はひそんでいません。父なる神はみもとに帰る旅の途中に居心地のよい宿をいくつか設けて私たちをいこわせて下さいますが、私たちがそれをわが家と取り違えることは、けっして奨励なさらないでしょう。[*7]」

やや曲折のある文章、単純な文章ではないので、分かりにくいかもしれませんが、大切なポイントはつかめるでしょう。

・私たちの人生には、様々な喜びや楽しみがある。
・それらは、人生という旅の途中に用意された「居心地の良い宿」である。

・私たちは、生活がすべて喜び、楽しみであってほしいと思うが、それは許されない。
・楽しみだけなら、私たちはこの世に安住し、その楽しみが、神のもとに帰る道の障碍物となってしまう。（それに妨げられて、もっと良いものを得られなくなってしまう。）
・人生の旅の途中で滞在する宿が、どれほど居心地の良いものであっても、それは「わが家」ではない。
・（神が用意しておられる永遠のわが家、天の故郷は、地上の人生を終えた後にある。それはこの上なく良きものである。）

私なりにまとめると、こうなります。（　）の中に記したのは、ルイスが直接述べてはいないが、前提となっている真理です。二、三回前のお便りに記したコリント人への手紙第二、四章一七節に書かれていることが、ルイスの言葉の背後にあるものです。

「今の時の軽い患難は、私たちのうちに働いて、測り知れない、重い永遠の栄光をもたらすからです。」

これに似た言葉ですが、ローマ人への手紙八章一八節にはこう言われています。

「今の時のいろいろの苦しみは、将来私たちに啓示されようとしている栄光に比べれば、取るに足りないものと私は考えます。」

このように申し上げるのは決して気休めではありません。聖書全体が明らかにしている、万物を創造された神の存在を考えれば、実に理にかなったこと、自然なことです。ご自分が良きものとして創造されたこの世界が傷つき、歪み、損なわれてしまったのですから、神がそれをいのちに溢れた世界、愛と平和に満ちた世界として回復しようと計画するのは、当然なことなのです。

神はこの計画を、人類の歴史において、着々と成し遂げてこられました。私たちはそれぞれ、本当に小さなものですが、神の御前にはかけがえのない存在で、その計画の中に置いていてくださるのです。

私たちも含め、この世界全体を回復なさる神のご計画について、次回以降、話を進めてまいりましょう。目には見えなくても、寄り添ってくださる神に、俊介さんも祈ってください。私たちも祈っています。

内田和彦

二〇一五年九月十九日

第33信　神は今も働いておられる

矢尾板俊介様

火曜日、私の携帯へのメール、ありがとうございました。俊介さんからいただく二度目のメール、高熱が出ての緊急入院からの回復をお知らせいただく通信でしたから、ほっとした思いで拝見しました。すぐに携帯でお返事を、と思いながら、かなわず、数日経ってしまいました。お母様からも、その間に二通メールをいただき、昨日のメールで、数値も正常に戻ったとのこと、感謝です。週明けには中央病院。なかなか混んでいて予約も取りにくいようですが、一つ一つ道が開かれていくように祈りましょう。

さて、今回も、ずっと取り組んできたテーマを続けたいと思います。「神はなぜ、悪や苦しみや災いから私たちを解放してくださらないのか」という問いとの取り組みは、私たちの人生と神さまとの関わり、クリスチャン生活について、大切な洞察に私たちを導くものなので、俊介さんの今後の歩みの助けとなることを願いつつ、書いてまいります。

すでにたくさんのことを述べてきました。第一段階でお伝えしたことは、「悪の起源は神にない」ということでした。そして、第二段階で何回か取り組んだことは、「神はどうして、私たちが悪や苦しみにあうのを許容されるのか」ということでした。その中心ポイントは、「神は、私たちをいたずらに苦しめようとしておられるのではなく、苦しみの中から、良きものを生み出そうとしておられる」と、まとめることができるでしょう。

さて、第三段階に進みましょう。それは、「神は介入される」ということです。私たち人間の目には、悪や災い、苦しみを放置しておられるように見えるかもしれませんが、実のところ、神は介入して来られたし、これからも介入なさるということです。神は傍観者ではなく、神ご自身の深いお考えに沿って働いておられるのです。

そのような神のお働きの最たるものは、前回記した「この世界全体を回復なさる神のご計画」です。しかし、それは、これからのこと、未来のことなので、今日は、過去のことから始めたいと思います。

「一般恩寵《おんちょう》」とか「一般恩恵」といった言葉があります。牧師たちは知っている言葉ですが、信徒の皆さんが口にすることはあまりないかもしれません。

「一般」がある以上は、「特別」があるのでしょうか。あります。「特別恩寵」です。それは、救い主イエス・キリストの犠牲によって私たちが罪を赦され、神のもとに立ち返る道が開かれたことです。神に背を向け、「滅び」の道を突き進んでいた人間が、「救い」の恵みにあずかることです。この恵みは自動的に与えられるものではなく、それを信じた人、感謝して受けいれた人に与えられる「特別な恵み」、だから「特別恩寵」なのです。

それに対して、一般恩寵は、神を信じようが信じまいが、だれにでも与えられている恵みです。感謝する心があってもなくても、同じように与えられているので、「一般恩寵」と呼ばれるのです。

新約聖書のマタイの福音書五章四五節に、次のような主イエスの言葉が記されています。

「天の父は、悪い人にも良い人にも太陽を上らせ、正しい人にも正しくない人にも雨を降らせてくださるからです。」

これが一般恩恵です。太陽や雨だけではありません。この世界には確かに悪があるのですが、一定以上は悪くならないように神は働いておられる、ということです。ナチスによって大勢のユダヤ人が殺されましたが、それでも、ユダヤ人は民族として生き残り、逆に、その直後に、二千年近く果たせなかった祖国の再建を果たしました。確かに、「六百万ものユダヤ人が殺されないですむように、神は介入されなかったのか」と問うこともできます。しかしまた、「ユダヤ人を絶滅させようとしたナチスの企てを、神は阻止された」と見ることもできるのです。

自然災害にしてもそうです。「東日本大震災が起こるのを、神はなぜ許されたのか」という問いは、私たちの心の中にあります。しかし、もっと根本的な視点から、この宇宙や地球を眺めれば、東日本大震災とは比べものにならないような地球規模の混乱、宇宙の崩壊が起こらないように、神は支えてくださっている、と言うこともできるのです。前に紹介した、『宇宙は神が造ったのか？』という本の中でストロベルが、月の存在によって、地球が守られている（たしか、大きな隕石が、落ちて来ないように）といったことを書いていました。地球環境の面で、数えきれないほどの条件が整わなければ、私たちの命は保たれませんが、神はそれを保っていてくださるのです。

そう考えると、神は今、何もしておられないのではなく、人間的な言い方をすれば、今も忙しく働いておられると言うことができます。新約聖書のヨハネの福音書五章一七節に、「わたしの父は今に至るまで働いておられます。ですからわたしも働いているのです」というイエスの言葉がありますが、本当にそのとおりです。ある意味で、無限に近い「雑事」にたずさわり、この宇宙を維持しておられるのです。

「神は介入しておられる」と申し上げました。その第一は一般恩寵です。しかし、特別恩寵もまた、神が、どんなに私たちに関心を払っておられるか、いえ、私たちを大事に思っていてくださるか、愛しておられるかを示すものなのです。次回は、それに進みたいと思います。

神の御手によって今日も生かされていることを感謝しましょう。私自身もそうです。いつ終わるか分からない命ですが、今日の一日を感謝し、喜び楽しみたいと思います。祈っています。

内田和彦

二〇一五年九月二十六日

第34信　イエス・キリストの苦難

矢尾板俊介様

十月に入りましたね。金木犀の香りがどこからともなく漂ってくる、とてもさわやかな秋です。でも、季節に関わりなく、病気との闘いは続きますね。教会関係のいろいろな方々から、病気や怪我の知らせが入ってきます。私たちの地上の旅においては避けられないこととはいえ、それぞれ当人にとっては厳しい試練です。

俊介さんが無事に転院できたとの知らせ、お母様からいただきました。中央病院での新たな治療に神さまの御手が働いてくださるようにと祈ります。

さて、前便で「神はなぜ悪や苦しみや災いから私たちを解放してくださらないのか」という問いに対する答えは、第三の段階に進みました。それはひと言で言えば、「神は介入される」ということでした。

私たちの目には、神が悪や災いを放置しておられるように見えるかもしれませんが、実のところ、神は介入してこられたし、これからも介入なさるということでした。その第一のポイントとして、「一般恩寵／恩恵」ということを紹介しました。旧約聖書の詩篇一二一篇四節に、神は「まどろむこともなく、眠ることもない」という言葉があります。私たちが眠っているときも、神は私たちのために寝ずの番をしていてくださるのです。無限の「雑事」にたずさわり、この宇宙を維持しておられるのです。

今日は第二のポイントに進みます。罪と不条理に満ちたこの世界に対する神の介入の最たるものは、イエス・キリストの苦難です。

聖書の真理を理解する努力を、キリスト教会は二千年の歴史において積み重ね、いろいろな時代にいろいろな真理を「発見」あるいは「再発見」してきました。二十世紀半ば、第二次世界大戦が終結したとき、クリスチャンは啞然とした思いで、世紀の前半を振り返りました。それは、人類の歴史の中で、最も悲惨な出来事が重なって起こってきたからです。二度にわたる世界大戦で、それぞれ、三千七百万人、五千万人〜八千万人が犠牲者となったと言われています。特にまた、ヒロシマとアウシュヴィッツです。ナチスのホロコーストで六百万人ものユダヤ人が殺されました。また広島と長崎には初めて核爆弾が落とされ、見るも無惨な事態が展開しました。この現実を前にして、神学者たちは言葉を失い、あらためて聖書に向かいました。

そうした中で再発見したことは、神は決して傍観者ではなく、この悲惨な現実に対して神ご自身が痛み、深い悲しみを覚えておられるということでした。苦しむ者とともに、神ご自身も苦しんでおられるということでした。

西欧の歴史の中では、どちらかといえば、聖書の神はこの世界を超越した方として理解される傾向がありました。神は、この世界を上から眺めておられる方として受けとめられてきたのです。痛み、悲しむというようなことは、神にふさわしくないことと考えられたのです。しかし、聖書を読めば、そうでないことがよく分かります。私たち人間に悲しみ涙する力を与えてくださった神ご自身が、悲しみ涙する方であると考えてもおかしくはありません。

そのことは、イエス・キリストという方を見れば実に明白です。主イエスは弟子たちに、「わたしを見た者は、父（＝神）を見たのです」と言われました（新約聖書・ヨハネの福音書一四章九節）。イエスを見るなら、本来見ることのできない神のお姿が見えてくると言われたのです（さらに、ヨハネの福音書一章一八節）。

前からお伝えしてきたように、イエスは「神のひとり子」でありながら、人となられた方です。ですから、目の見えない人の目を開けるといった奇跡をなさいました。しかし、自分の快適な生活のために、自分の超自然的なパワーを利用するということは、いっさいなさいませんでした。そして、私たちと同じ一人の人間として生きられたのです。断食をすれば空腹になりました。旅の疲れで井戸の傍らに腰を下ろして、町に食糧を買いに行った弟子たちの帰りを待っていました。嵐にあっても、舟の舳先のほうで眠っているほど、疲れきっていたこともあります。大工の仕事をしていて、血を流すということもあったでしょう（聖書自身にそのような記述はありませんが）。イエスは、スーパーマンのような存在ではありませんでした。神の子としての特権を行使することはなかったのです。

主イエスが登場する七百年前、預言者イザヤという人は、やがて神が「主のしもべ」を遣わされることになると預言し、その人は「悲しみの人で病を知っていた」と語っています（旧約聖書・イザヤ書五三章三節）。また、新約聖書のマタイの福音書でも、イエスについて「彼が私たちのわずらいを引き受け、私たちの病を背負った」と記されています（八章一七節）。

私たち、弱さを持つ人間と、完璧に連帯される救い主、イエスという方について、新約聖書のヘブル人への手紙二章一七〜一八節はこう語っています。

「主はすべての点で兄弟たち（＝私たち、人間たち）と同じようにならなければなりませんでした。……主は、ご自身が試みを受けて苦しまれたので、試みられている者たちを助けることがおできになるのです。」

聖書は、イエスを、神の子であり、罪のない方、万物の創造に関わった方であると紹介しています。そのような方であれば、罪によって損なわれ、悩み苦しむこの世界をご覧になって、どれほど心を痛められたことかと思います。その心の痛みは、私たちの心の痛みとは比べられないほど大きなものだったでしょう。

イエスは涙を流されました。イエスは泣いたという記述に、二度出会います。一度は、都エルサレムを見て、泣かれました（ルカの福音書一九章四一節）。それは、この町がやがて滅亡することを知っておられたからです。もう一度は、ベタニアという村で、親しくしていたラザロという人が病気で亡くなり、彼の墓の前に立った時です。「イエスは涙を流された」と記されています（ヨハネの福音書一一章三五節）。

私たちの苦しみに連帯し、苦しむ私たちとともにいてくださるイエスの姿のうちに、神の姿を見ることができます。しかしイエスについて、さらに大事なことがあります。それについては来週お伝えします。今日はいろいろなことがあって、夕方になってしまいました。ここで終えて、投函します。祈りつつ。

二〇一五年十月三日

内田和彦

追伸＝書き終えたところで不意の来客があり、投函は暗くなってしまいました。

第35信　十字架の苦しみによってもたらされた救い

矢尾板俊介様

十月も早十日。昨日お宅に伺った片柳先生から、ご様子を伺いました。それで、今日は朝一番でお便りを書いています。二週続きで礼拝においでになったことですが、中央病院で新たに始まった治療がかなりきついようですね。体調が良くないと伺い、案じています。心身が支えられ、良い方向に向かうことができるようにと祈っています。

気分がすぐれないと、あまり込み入った話はしないほうがよいと思いますから、今日は一つの大切なことに向かいたいと思います。引き続き、「神はなぜ、悪や苦しみや災いから私たちを解放してくださらないのか」という問いに対する答えの第三段階、「神は介入される」ということです。いや、むしろ、「神は介入された」と過去形で言うべきかもしれません。

「神のひとり子」イエス・キリストが、私たちとまったく同じ一人の人となって、この世界に誕生し、三十数年の人生を送り、苦難にあうことが分かっていながら、エルサレムに向かい、十字架の死で終わる生涯を送られました。あるいは、神ご自身が、自らが創造されたこの世界に入って来られた、と言ってもよいでしょう。聖書の神は、高い所から私たちを見下ろしている神、遠くから私たちの窮状を眺めている神ではないのです。

先便では、十分にお伝えできずに終わりましたが、このイエスの十字架の苦難こそ、実に逆説的でありながら、私たちの救いの希望なのです。

私たちは、人生において苦しみを避けることはできません。もちろん、楽しいこと、嬉しいこともあります。俊介さんは、会心の料理を作ることができたときは、喜び、満足するでしょう。美味しい料理をいただくとき、私たちは幸せです。ヤクルトやソフトバンクのファンは、今年、ひいきの球団が優勝して嬉しいでしょう。しかし、仕事において苦労したり、人間関係がうまくいかなくて憂鬱になったり、体が痛んだりします。病との闘いで様々な苦しみを通っている人たちもいます。苦しみは避けがたいのです。

苦しみはそればかりではありません。気がついていない人たちも多いのですが、より根源的な苦しみ、実存的な苦しみがあります。それは、自分がなぜ今ここにいるのか、偶然に存在しているのか、それとも「神」が自分を存在させているのか、もし神がおられたら、自分は神に受けいれられているのか、等々。意識の表面に上ってくるとは限りませんが、このような、自分の「存在」をめぐる不安です。特に、思春期の若者たちは、こうした問題に悩みますが、やがて大人になると、多くの人は、自分の居場所や立ち位置がそれなりに決まってきて、ある種の「安定」を得て、そのような問いを忘れてしまいます。いえ、むしろ、生活に追われて、自分の実存をめぐる問いに向き合う暇がなくなるのかもしれません。

ともあれ、私たちは多くの苦しみに直面しますが、まさに、そのような私たちのために、キリストは十字架の苦しみに進まれたのです。新約聖書を読むと、イエスが何度か弟子たちに、自分は十字架に架けられて死ぬことになるという予告をしておられます。「受難予告」です。「人の子が来たのが、仕えられるためではなく、かえって仕えるためであり、また、多くの人のための、贖いの代価として、自分のいのちを与えるためである」と語り、自分の使命が死ぬことにあるとされました（マタイの福音書二〇章二八節）。

「贖いの代価」とありますが、少し説明が必要ですね。私たち人間は、神から離れ、神に背を向け、その結果として、高慢、傲慢になり、自己中心になり、罪に陥り、罪の「奴隷」になってしまいました。

古代の世界においては、奴隷という存在は日常的なものでしたから、奴隷を解放するのに、身代金が必要であることはだれでも知っていました。「贖いの代価」とは、この身代金のことなのです。イエスは、罪の奴隷となってしまった私たちを解放し、神のもとにあって再び自由を得るようにと、ご自分のいのちを身代金として提供してくださったのです。その結果、私たちはもはや解放されたのです。「贖われた」のです。

イエスの十字架の死の意義を説明する、もう一つ大切な聖書の言葉があります。それはヨハネの手紙第一、四章一〇節です。

「私たちが神を愛したのではなく、神が私たちを愛し、私たちの罪のために、なだめの供え物としての御子を遣わされました。ここに愛があるのです。」

イエスは、「私たちの罪のために、なだめの供え物として」十字架の苦しみにあわれたのです。神は聖なる方、義なる方ですから、私たちの罪を罪としてさばかなければなりません。罪を断固として拒絶される神の聖なる怒りに、私たちは直面しなければなりません。しかし、神は同時に愛に満ちた方ですから、私たちを愛し、私たちを赦したいと思われるのです。それで、神は私たち人間の罪をすべてご自分のひとり子イエスに負わせて、罪ある者として断罪なさったのです。罪を罪としてさばく正義の要求は満たされ、私たちは罪あるままで赦されることになりました。神は聖なる怒りをイエスに注ぎ、罪を断罪されたのです。それで、私たちは無条件で赦されることになりました。

イエスは十字架の上で、「わが神、わが神、どうしてわたしをお見捨てになったのですか」と絶叫なさいました。「父と子」という親密な交わりのうちにあったイエスが、文字どおり、神の聖なる怒りの前に、「見捨てられる」経験、霊的な暗黒に突き落とされる経験をされたのでした。ご自分のひとり子を、そのように見放された「父なる神」の心がどれほど痛んだことか、想像できません。この叫び声をあげたイエスの苦しみがどれほどのものであったか、私たちの想像を超えています。しかし、父なる神も、イエス・キリストも、ただただ私たち罪人を愛し、救うために、このようになさったのです。このような大胆な方法を採られたのです。恐ろしいまでの愛に、私たちは言葉を失います。

その結果、私たちは赦され、神のもとに立ち返ることができるようになりました。神と和解することができるようになったのです。神との和らいだ関係、「神との平和」を持つようになった、と聖書は教えています。こうして、私たちの根源的な不安や、実存的な苦しみは解消されました。この世界に存在するどんなものも、どんな事態も、「私たちの主キリスト・イエスにある神の愛から、私たちを引き離すことはできません」（新約聖書・ローマ人への手紙八章三九節）。絶望のどん底と思えるような状況にあっても、私たちは神の御手の中にあります。神から見放されてはいないのです。

短めにと思いながら、長くなってしまいました。今日のうちに着くとよいのですが……。

内田和彦

二〇一五年十月十日

第36信　フランクルの『夜と霧』、ゴードンの『クワイ河収容所』

矢尾板俊介様

厳しい病との闘いの中にある俊介さんに、今週も手紙をしたためています。中央病院での治療の具合は、その後いかがですか。願っているようにいかないとき、不安になるでしょうが、希望を捨てずに祈り続けましょう。気分がすぐれなければ、祈りに向かうこともできないでしょう。しかし、「祈れない」と神に伝えるのも祈りです。「つらいです」と伝えることも祈りです。言葉が整わなくても、心が集中できなくても、あるがまま訴えることですから、俊介さんも祈ってください。

ここ何回か、お伝えしてきたことは、神は高い所から、遠い所から眺めているのではなく、悪や災いで苦しむ私たちの世界に介入してくださっているということでした。二十世紀は人類の歴史において、「最悪」の世紀となりました。ホロコーストや原爆という最悪の事態に直面したために、「神はいない」と思っていたが、実は、神はイエス・キリストの十字架の苦難において、苦しむ私たちとともにいてくださった、連帯してくださっていたと気がついたのです。

こうして、戦後間もないころ、北森嘉蔵という日本人の神学者が『神の痛みの神学』という本を出され、欧米でも評判になりました。

苦難の経験を振り返ったとき、最悪と思える状況にあっても、「自分たちは見捨てられていなかった」と気がついた人たちもたくさんいました。私が今まで読んだ証言の中で、最も印象的なものを二つ紹介しましょう。

一つは、アウシュヴィッツの収容所の数少ない生き残りの一人、ヴィクトール・フランクルというユダヤ人です。彼は戦後、有名な心理学者となり、大きな影響を与えた人です（一昨年だったでしょうか、ＮＨＫテレビでフランクルの特別番組を放送していました）。死の収容所で、自らが経験したことを、『夜と霧』という書物にまとめました。それは、読むのがつらくなる内容の本ですが、生と死のはざまで生きてこられた人の証言だけに重みがあります。

彼は生き残りました。しかし、家族を失いました。収容所から解放された人々の、その後の人生もまた、生きることは容易でなかったと思います。その彼がこう書いています。

「解放され、家に帰った人々のすべてでこれらの体験は、『かくも悩んだ後には、この世界の何ものも……神以外には……恐れる必要はない』という貴重な感慨によって仕上げられるのである。[*8]」

想像を絶する苦難の後に、人々の心に残ったものは、「この世界には、神以外に何も恐れる必要はない」という思いだったというのです。

もう一つの証言は、イギリス軍の将校であったアーネスト・ゴードンという人のものです。彼はスコットランド人で、不可知論者でした。つまり、神がいるかいないか分からないではないか。いてもいなくても関係ない。そういった冷ややかな態度でキリスト教を眺めていた人でした。彼はシンガポールで日本軍の捕虜となり、あの悪名高い「泰緬鉄道」建設に当たらされました。タイとビルマをつなぐ鉄道を敷設したのですが、それはまさに奴隷労働であって、約半数の労働者が亡くなったと言われています。

しかし、そのような生活の中で、彼は不思議な経験をします。「神がおられる」という経験をしたのです。収容所の中に神が働いておられるという経験でした。いつのまにか聖書を学ぶ集まりが始まり、礼拝が始まり、ゴードンは不思議な力で自分が変えられていく経験をしました。そして、何と数か月後のクリスマスには、彼自身が聖書から語るようになっていました。やがて戦争が終わり、解放されたとき、ゴードンはアメリカに渡り、大学のチャプレンになって、本を著しました。この本も日本語に訳され、『クワイ河収容所』(筑摩文庫)という題で出ています。

俊介さんは、先だってジェームス・ドブソンの『苦難の時にも』を読まれましたね。その本の中に、こう記されていたと思います。

「人生の矛盾すべてに、耳障りのよい気の利いた解答を出すことはできません。明快な答は、主と顔と顔とを合わせるまで出ないのです。しかし、心無い人たちから虐げられ、踏みにじられた人々に、主はどれほど心痛められていることでしょう。主は、あなたの名前を知っておられ、あなたが流した涙の一粒一粒までもご存じです。人生のあらゆる災いの場面にも、主は共におられました。『神は無関心な方だ』とか『神は残酷な方だ』とかいう思いは、理解不足か、サタンの巧妙な嘘なのです。[*9]」

本当にそうだと思います。確かに、苦しみがなければ、それに越したことはありませんが、苦しみから完全に逃れることはできません。加えて、私たちの人生は限りあるものです。良いこともありますが、悪いこともたくさんあります。だから、神を信じない、というのではなく、だからこそ、私たちとともにいてくださる神を信じるのです。

信じたから、自動的に病が快方に向かうとは限りません。祈ったから、願ったように道が開かれるわけではありません。しかし、思いどおりにいかない経験も含めて、自分が思っていた次元よりももっと高い次元に、私たちは引き上げられていくのです。

聖書に登場する人物で、最も大きな苦難にあったのは、ヨブという人だと思いますが、まさに、彼はそのような経験をしました。彼の言葉を紹介して終えたいと思います。

「私は裸で母の胎から出て来た。

また、裸で私はかしこに帰ろう。
主は与え、主は取られる。
主の御名はほむべきかな。」（旧約聖書・ヨブ記一章二一節）

娘さんを北朝鮮に拉致されて三十数年になる横田早紀江さん、ときどきニュースに登場しますから、ご存じですよね。その横田さんが、先日のＴＶのインタビューで、この言葉を引用していました。とても印象的でした。この言葉が彼女を支えてきたようです。なかなかこの言葉のような心境にはなれないものですが。

なんだか、まとまりのない手紙になってしまいましたが、この辺で終わりたいと思います。神は介入されるということについては、もう一つ大事なことがあります。私たちの永遠の希望のことです。それは次回お伝えします。ひたすら祈りつつ。

二〇一五年十月十七日

内田和彦

第37信　新天新地の約束

矢尾板俊介様

さすがに十月も終わりが近づき、朝晩は暖房が欲しいような日になりました。俊介さん、その後いかがですか。しばらく様子をお聞きしていないので、案じています。ただ祈ることしかできませんが。

ここ数回、神は、悪や災いで苦しむ私たちを放置することはなさらず、この世界に介入してくださるということを説明してきました。今日で（あるいは、あと二、三回で？）、その説明を終えたいと思います。神の介入は、三つの点で認めることができます。私たちが認めるように聖書は教えています。箇条書きすると、次のとおりです。

1　一般恩寵

2　キリストの十字架の苦難

以上の二つは、これまで述べてきたことです。これらに加えて、もう一つは、

3　未来における苦難の償い

この世界は神が造られた世界です。しかし、罪によって歪められてしまいました。創造の中心に置かれた私たち人間が、本来のあり方を失ってしまいました。それでも、良い物がたくさん残されていますが、ときに目を覆いたくなるような悲惨な事態も生じてきます。

もし、俊介さんが、会心の料理を作り終え、お皿に盛った後に、ウェイターがつまずいて、盛りつけが崩れてしまったら、もう一度作り直すでしょう。

万物を創造された後、「すべて良かった」と神が言われた世界が、歪み、病んでしまったら、もう一度それを整えることをなさらないでしょうか。いや、なさるでしょう。実際、それをすると、神はおっしゃるのです。

新約聖書のローマ人への手紙八章一八～二四節前半に、こう記されています。そう言えば、前回、八章一八節だけ引用しましたね。少し長くなりますが、続く言葉も含めて引用しましょう。

「今の時のいろいろの苦しみは、将来私たちに啓示されようとしている栄光に比べれば、取るに足りないものと私は考えます。被造物も、切実な思いで神の子どもたちの現れを待ち望んでいるのです。それは、被造物が虚無に服したのが自分の意志ではなく、服従させた方によるのであって、望みがあるからです。被造物自体も、滅びの束縛から解放され、神の子どもたちの栄光の自由の中に入れられます。私たちは、被造物全体が今に至るまで、ともにうめきともに産みの苦しみをしていることを知っています。そればかりでなく、御霊の初穂をいただいている私たち自身も、心の中でうめきながら、子にしていただくこと、すなわち、私たちのからだの贖われることを待ち望んでいます。私たちは、この望みによって救われているのです。」

一読しただけでは、よく分からないかもしれません。注目してほしい言葉に傍点を付けておきます。

この被造世界が「滅びの束縛」の下にあること、虚無に服したような状態であること、そして、うめき、産みの苦しみをしている、と言われています。私たち自身も、からだが老い、病み、傷つくものなので、「からだの贖い」、つまり、身体そのものが、解放される必要がある、と語られています。救い主イエス・キリストの十字架の犠牲によって、救いは実現しましたが、まだ完成はしていません。救いの完成は未来にあります。それで、私たちは救いが完成する時を待ち望んでいるのです。その望みを抱きながら、今、与えられている救いを感謝しているのです。

もう一つ、新約聖書の最後の書物、ヨハネの黙示録二一章一～五節には、こう記されています。

「1また私は、新しい天と新しい地とを見た。以前の天と、以前の地は過ぎ去り、もは
や海もない。2私はまた、聖なる都、新しいエルサレムが、夫のために飾られた花嫁の
ように整えられて、神のみもとを出て、天から下って来るのを見た。3そのとき私は、
御座から出る大きな声がこう言うのを聞いた。『見よ。神の幕屋が人とともにある。神は
彼らとともに住み、彼らはその民となる。また、神ご自身が彼らとともにおられて、4
彼らの目の涙をすっかりぬぐい取ってくださる。もはや死もなく、悲しみ、叫び、苦しみ
もない。なぜなら、以前のものが、もはや過ぎ去ったからである。』5すると、御座に
着いておられる方が言われた。『見よ。わたしは、すべてを新しくする。』また言われた。
『書きしるせ。これらのことばは、信ずべきものであり、真実である。』」

終末において、新しい天と新しい地、新天新地が実現するという約束です。もはや死もなく、悲しみ、叫び、苦しみもない。それは私たちの想像を絶する世界です。しかし、宇宙を驚くべき知恵と力、見事なシステムとデザインをもって造られた方が、この世界をもう一度、本来の姿に回復なさるのは、むしろ自然なこと、当然のことでしょう。

そのときにはあらゆる労苦が報われる、とも言われています。この点について、そして、永

遠の神の国、「天のふるさと」と呼ばれている世界について、残る紙面では、到底語り尽くせませんから、やはり次回に回しましょう。
実は、今回も金曜日の夜に手紙を書きました。明日は、この七月に六十六歳の人生を閉じ、神のもとに召されたKさんの納骨式があって出かけます。戻ると、二人の若者たちと、洗礼についての準備の学びをします。それで時間がなくなるといけないので、今夜のうちに書きました。俊介さん、祈っています。

内田和彦

二〇一五年十月二十四日

第38信　「あなたはきょう、わたしとともにパラダイスにいます」

矢尾板俊介様

十月も終わりです。今週は、片柳先生から俊介さんの様子を伺うことができました。中央病院に転院してからの抗がん剤が、かなり体にきついようですね。一年前に同じ治療に当たっていたある方も、第三クールあたりから、かなりきつくなったようです。でも、それを乗り越え、今も治療を続け、教会にも月に一度は来ておられます。薬が同じかどうかは分かりませんが、俊介さんも耐えることができるように、そして薬が効き目を発揮でき、良い結果をもたらすことができるように、さらに、与えられた一日一日、俊介さんが神の恵みを発見する時となるように祈っています。

さて今日は、「未来における苦難の償い」という形で、神が働いてくださるという話を続けます。これについても、たくさんお伝えしたいことがあるので、一回では終わらないかもしれませんが。

昨日の夜の祈り会で、ルカの福音書二三章を学びました。主イエス・キリストが十字架につけられるむごたらしい場面ですが、ルカは淡々とその様子を記しています。その中で、特に三九節以下に印象的な出来事が報告されています。

実は、イエス様が十字架に架けられたとき、ほかに二人の犯罪人も一緒でした。十字架刑に処せられたのですから、よほどの罪を犯したのでしょう。イエスの右と左に彼らの十字架は立っていました。

最初、彼らは二人ともイエスを罵っていました。彼らは死を前にして、一縷の望みを抱いたのでしょう。何しろ、イエスという方の噂は広く知られていました。それで、奇跡を行うというこの人が、もしかしたら、ここでも奇跡を行って、自分たちも助けてくれるかもしれない、というかすかな望みを抱いたのでしょう。しかし何も起こりません。そのため、十字架に両手両足を釘で打ちつけられた状態で、激しい苦しみの中から「お前がメシアなら、俺たちを救え」と罵っていたのです。

古代の十字架刑の記録を読むと、刑に処せられた囚人たちは、たいてい自分たちを十字架につけた者たちを呪って、死んでいったようです。この二人の犯罪人もまた、自分たちを残酷な死に追い込んだ者たちを呪い、最後にイエスを呪ったのでしょう。

主イエスは、そのような彼らとはまったく違っていました。そのような罵りの言葉、呪いの言葉は彼の口からは出てきませんでした。それどころか、その口から不思議な言葉が発せられました。それは神への祈りでした。

「父よ。彼らをお赦しください。彼らは、何をしているのか自分でわからないのです。」

（三四節）

イエスの十字架の右と左にいた犯罪人たちも、この言葉を聞いたことでしょう。その結果、つい先ほどまで、イエスを罵っていた者たちの一人が、引き続き罵っている仲間を、なんとたしなめたのです。「おまえは、同じ刑罰を受けていながら、神を恐れないのか。俺たちは、自分のしたことの報いを受けているのだから当たり前だ。だがこの方は、悪いことは何もしていないのだ。」

それだけでなく、彼はイエスに向かって、こう言いました。「イエスさま。あなたがご自分の御国で位にお着きになるときには、私を思い出してください。」彼が、このように心が変えられたことは驚きですが、もっと驚くのはこの人に対する主の答えです。イエスは彼にこう言われたのです。「まことに、あなたに告げます。あなたはきょう、わたしとともにパラダイスにいます。」

十字架で死ぬことしかできない犯罪人。人生をやり直すことのできない彼に、「あなたはきょう、わたしとともにパラダイスにいます」と言われたのです。救いを宣言なさったのです。このことからも、救いというものが恵みであることが分かります。一〇〇％の恵みであることが分かります。

聖書で言うパラダイスとは、私たちの肉体が死を迎えても、なお私たちが霊において移される場所です。イエスご自身も、この死刑囚も、肉体の命が終わったとき、このパラダイスに移されることになったのです。通常は「天国」と呼ばれている世界も、このパラダイスのことです。

この記事は、私たちに大きな励ましを与えてくれます。十字架につけられたあの犯罪人だけでなく、主イエスに頼る者たちが、同じように「主とともにパラダイスにある」ことができるからです。

このエピソードが聖書に書かれているのは、単に十字架につけられた犯罪人だけでなく、すべてイエスを救い主として受けいれる者たちが同じ恵みを受けることができるからだと思います。そのことは聖書の他の箇所からも分かります。

「金持ちとラザロ」と呼ばれる、ルカの福音書一六章一九節以下に出てくる話があります。ラザロという物乞いが死んで、「アブラハムのふところ」に導かれました。アブラハムはイスラエル民族の始祖ですが、イエスを信じる者たちも霊的な意味で「アブラハムの子」だと言われています。アブラハムに約束された救いをいただくからです。

ラザロは、生前極貧の生活をし、そのために皮膚病にも苦しんでいました。その彼が「アブラハムのふところ」に導かれ、安息を得るのです。その一方で、ラザロにあわれみをかけず、罪深く贅沢三昧していた金持ちは、「ハデス」という世界で苦しんでいます。その金持ちがアブラハムに助けを求めたとき、アブラハムは彼にこう答えるのです。

「子よ。思い出してみなさい。おまえは生きている間、良い物を受け、ラザロは生きている間、悪い物を受けていました。しかし、今ここで彼は慰められ、おまえは苦しみもだえているのです。」（二五節）

貧しさと病という二重の苦しみにあっていたラザロは、安息し、慰めを受けています。それは、あの十字架上の犯罪人が主イエスに「あなたはきょう、わたしとともにパラダイスにいます」と言っていただいたことと同じなのだと思います。

十字架で死ぬ前夜、イエスは弟子たちに、「あなたがたをわたしのもとに迎えます」と言われたことも同じです（ヨハネの福音書一四章三節）。紙面が尽きました。続きはまた来週……。祈っています。

二〇一五年十月三十一日

内田和彦

第39信　「天の故郷」

矢尾板俊介様

昨日は、俊介さんと直接お話しでき感謝でした。ただ、だいぶ苦しそうだったので、もう少し短い時間で失礼したほうが良かったかな、と反省しています。今日はいかがでしょうか。少しでも苦しみが和らげられるようにと祈りつつ、第三十九信に向かいます。

ルカの福音書二三章に出てくる、十字架上で回心した犯罪人の話に、そのような思い出があるとは知りませんでした。山岸のお祖母ちゃんが、俊介さんにお聞かせになったのですね。そこには、当然祈りもあったでしょう。お祖母ちゃんが、もし天国で、地上に残っている家族の様子が分かるとしたら、俊介さんのご病気に心痛めつつも、「俊ちゃん、神さまのことが分かって良かったね。何にも心配いらないよ」と語りかけたい気持ちでしょうね。

先週、十字架で死ぬ前夜、イエスが弟子たちに語られた言葉、「あなたがたをわたしのもとに迎えます」に言及したところで終わっていましたので、そこから再開します。もう少し長くヨハネの福音書一四章一～三節を引用しましょう。

「1　あなたがたは心を騒がしてはなりません。神を信じ、またわたしを信じなさい。2

わたしの父の家には、住まいがたくさんあります。もしなかったら、あなたがたに言っておいたでしょう。あなたがたのために、わたしは場所を備えに行くのです。3 わたしが行って、あなたがたに場所を備えたら、また来て、あなたがたをわたしのもとに迎えます。わたしのいる所に、あなたがたをもおらせるためです。」

弟子たちとともに「最後の晩餐」をなさった席での言葉でした。主イエスはすでに、ご自分が捕らえられ、十字架に架けられることになると予告しておられたので、弟子たちの心には不安な気持ちがありました。そのような彼らに、こう語りかけられたのです。

この地上の命を終えた後のことを心配するな、とおっしゃいます。ちゃんと場所が用意されている。住まいが用意されている、というわけです。まさに、そのために自分は去って行くのだ、とおっしゃったのです。

旧約聖書の創世記三章によれば、最初の人アダムとエバが罪を犯し、神から離反したために、この世界に死が入ってきました。人間は病む者、老いて死ぬ者となったのです。そのような現実を、いわば「ひっくり返す」ために、リセットするために、イエスは十字架の死に進まれたのです。実に逆説的でありますが。

イエス・キリストは、人間として唯一、神の前に罪を犯すことなく、父なる神の御心に従い抜かれました。そのような方ですから、私たちの罪を負って、私たちの代わりに神のさばきを受けられました。それが十字架です。そのおかげで、私たちは罪ある者、罪深い者なのに、神の前に立つことができるのです。罪があるままの状態でしたら、神はきよい方、聖なる方ですから、私たちはとうてい神の前に立つことができません。それが、キリストの身代わりの死のおかげで、神のもとに帰って行けるようになったのです。

そんなわけで、これから十字架に架けられようとしているその時に、「わたしは場所を備えに行くのです」とおっしゃいました。それで私たちは安心して、死の彼方の生に向かうことができるのです。

アメリカとイギリスで生活していたとき、訃報に接して印象的だったのは、悲しみのうちにもさらりと、たとえば「ジョージは主によって取り去られた」とか、「メリーは今主とともにおられる」と言われるのを耳にしたことでした。極めつけは、「ハンスは長い間、主を慕い求めていましたが、今、彼の願いどおり、その主のもとに行きました」といった文章で、ご主人の死を知らせてきたことでした。

もう一つ、人生の終わりについて聖書が教えていることをお伝えして、「最後の帳尻を合わせてくださる」神の恵みの話を終えたいと思います。ヘブル人への手紙一一章一六節に次のように書かれています。

「しかし、事実、彼らは、さらにすぐれた故郷、すなわち天の故郷にあこがれていたのです。それゆえ、神は彼らの神と呼ばれることを恥となさいませんでした。事実、神は彼らのために都を用意しておられました。」

「彼ら」とは、旧約聖書を代表する人物アブラハムと妻サラのことです。彼らは神から、土地と子どもという二つのものをいただく約束を受けていました。そして、神が示されたカナンの地にやって来て、住むことになりました。また最初の約束から二十五年後に、イサクという息子が奇跡的に与えられました。約束は実現したのです。ところが、「約束のものを手に入れることなく」人生を終えていったと聖書は語ります。実は、本当の約束はこの地上にはなかったのです。それが「天の故郷（ふるさと）」だったというわけです。彼らは人生において、いろいろなものを神から与えられたが、神が用意しておられる究極のものは「天のふるさと」だと気がついたということです。

ここに、神を信じるキリスト者の人生観の真骨頂があると言ってもよいでしょう。地上の人生においても、私たちは様々な良き物を神からいただいています。美味しい食べ物、美しい景色、友だちとの語らい、充実した仕事、熱中するスポーツ観戦等々。でも、そのすべてを含み、そのすべてにまさる良き世界、本物の世界、完成された世界、栄光の世界に生きることが約束されているのです。

それにしても、「ふるさと」と言えば、普通は、幼い時に住んでいた場所です。「天のふるさと」はそうではありません。それなのに、「ふるさと、故郷」と呼ぶことができる所だということです。初めて行く世界なのに、なぜか懐かしく、心地よく、解放される場所、「帰るべき所に帰って来たのだ」と心底思える世界。だから、「天のふるさと」なのです。おそらくは、そこに移されるだけで私たちはこの地上の労苦、痛み、苦しみを忘れることでしょう。
長いシリーズは、ここまでとしたいと思います。次回からは、洗礼について説明しましょう。祈っています。

内田和彦

二〇一五年十一月七日

第40信　「あなたの神、主が……あなたとともにある」

（これは、先週末、俊介さんの携帯メールにお送りしたものです。もしかして届いていないといけないので、プリントアウトして郵送します。）

矢尾板俊介兄

おはようございます。

以前、携帯のほうに、メールをお送りいただいたので、そのアドレスで送ろうとしています。ただし、パソコンから送って、受信していただけるかどうか分かりませんが。

洗礼式から一週間経ちました。火曜には抗がん剤の投与。そして、木曜、金曜は腹水を抜いて、また入れるという処置、お体にきつい一週間だったのではないかと案じています。

俊介さんの受洗祝いをお贈りくださったI姉も、一昨日の木曜日、受診日だったようです。「採血室のところで待っていたとき、俊介さんの名前が呼ばれた気がして振り向いたのですが、すでに部屋の中に入ってしまっていて、姿を見ることができませんでした。俊介さんだったのですね。いつか病院でばったり会えそうな気がします」とおっしゃっていました。

I姉は、中央病院でも「有名な」（？）患者さんのようです。たいへん才能豊かな方ですが、その一つは編み物で、入院中に編んだものが、看護師さんたちの間で大人気？とか。

「いろんなところの看護師さんと仲良しなので、何かお役に立てればと思います」と言ってくださっています。

お母様には昨日、I姉のメルアドをお伝えしましたが、パソコンのほうに送ったので、あるいはまだお気づきでないかもしれませんが……。

一日一日、闘いが続くことですが、主が俊介さんの心と身体にお力を与えてくださるよう祈っています。

「強くあれ。雄々しくあれ。恐れてはならない。おののいてはならない。
あなたの神、**主**が、あなたの行く所どこにでも、あなたとともにあるからである。」
（旧約聖書・ヨシュア記一章九節）

二〇一五年十一月二十八日

内田和彦

追伸＝「矢尾板俊介兄」という言い方には馴れておられないかもしれませんが、私たちクリスチャンは、信仰を共にするお互いを「兄弟姉妹」と呼びます。神の家族ですから。

第41信　「ですから、私たちは勇気を失いません」

矢尾板俊介様

今日はよく晴れ、比較的穏やかな週末です。お加減はいかがでしょうか。

昨日、片柳先生がお宅に伺ったので、俊介さんやお母様の様子をお聞きしました。病との闘いが続きますが、そして決して容易な闘いでないことと思いますが、人間の知恵と力を超えたところに、万物の創造者の御手の支えがあることを信じて、私たちも祈りのサポートを続けさせていただきます。

これまでいろいろなことをお伝えしてきましたので、もしかすると重複するかもしれませんが、最近、コリント人への手紙第二、四章の次の言葉に心を向けさせられます。

「7 私たちは、この宝を、土の器の中に入れているのです。それは、この測り知れない力が神のものであって、私たちから出たものでないことが明らかにされるためです。8 私たちは、四方八方から苦しめられますが、窮することはありません。途方にくれていますが、行きづまることはありません。9 迫害されていますが、見捨てられることはありません。倒されますが、滅びません。10 いつでもイエスの死をこの身に帯びていますが、それは、イエスのいのちが私たちの身において明らかに示されるためです。11 私たち生きている者は、イエスのために絶えず死に渡されていますが、それは、イエスのいのちが私たちの死ぬべき肉体において明らかに示されるためなのです。12 こうして、死は私たちのうちに働き、いのちはあなたがたのうちに働くのです。13『私は信じた。それゆえに語った』と書いてあるとおり、それと同じ信仰の霊を持っている私たちも、信じているゆえに語るのです。14 それは、主イエスをよみがえらせた方が、私たちをもイエスとともによみがえらせ、あなたがたといっしょに御前に立たせてくださることを知っているからです。15 すべてのことはあなたがたのためであり、それは、恵みがますます多くの人々に及んで感謝が満ちあふれ、神の栄光が現れるようになるためです。

16 ですから、私たちは勇気を失いません。たとい私たちの外なる人は衰えても、内なる人は日々新たにされています。17 今の時の軽い患難は、私たちのうちに働いて、測り知れない、重い永遠の栄光をもたらすからです。18 私たちは、見えるものにではなく、見えないものにこそ目を留めます。見えるものは一時的であり、見えないものはいつまでも続くからです。」

この手紙を書いた使徒パウロは、キリスト教の反対者でしたが、復活したイエス・キリストに出会って劇的に回心した人です。彼は地中海世界を精力的に旅し、多くの人々にキリストの福音を伝え、多くの教会を開拓した人ですが、その彼が、いつも弱さや困難に直面していました。しかしその中で、まさに「イエスのいのち」と呼べる何かを感じていたようです。俊介さんも体に弱さを覚えても、「内なる人」に新しいいのちの力が注がれ、その結果として病も克服していかれるよう祈っています。

短い手紙でごめんなさい。またお宅のほうにも伺いたいと思います。

「どうか、望みの神が、あなたがたを信仰によるすべての喜びと平和をもって満たし、聖霊の力によって望みにあふれさせてくださいますように。」

（新約聖書・ローマ人への手紙一五章一三節）

内田和彦

二〇一五年十二月五日

２０１５年１２月１４日

矢尾板俊介兄　前夜式次第

司　式　前橋キリスト教会　牧師　内田　和彦

黙　祷

賛　美　「いつくしみ深き友なるイエスは」

讃美歌３１２番　一　同

祈　り

聖　書　マタイの福音書１１章２８節

コリント人への手紙第二４章１６～１８節

賛　美　「愛する者は主のもとに」

教会福音讃美歌３３４番　一　同

説　教　「イエスのいのちに生かされて」

祈　り

賛　美　「主よ、みもとに近づかん」讃美歌３２０番　一　同

頌　栄　「父・み子・みたまの」　讃美歌５４１番　一　同

終　祷

後　奏

・・・・・・・・・・・・・・・・・・・・

献　花

矢尾板俊介　略歴

1978 年 2 月 7 日、矢尾板茂明、洋子夫妻の二男として前橋市天川大島町に誕生。県央高校卒業後、フランス料理を学ぶためエコール・キュリネール・ド・フランス校に学んだ。その後東京でエヴァンタイユ、東京タバーン等、フランス料理レストランで勤務して修業を積んだ後、2012 年 12 月帰橋、「最高の一日」に就職した。良き同僚に恵まれ、忙しくも充実した日々を送っていたが、14 年 11 月に癌が見つかり、15 年 1 月に手術、治療に専念するため 7 月に退職することになった。職場復帰をめざして病と戦うなかで、前橋キリスト教会の内田牧師夫妻や片柳副牧師の導きにより信仰の確信を得、11 月 21 日自宅で病床洗礼を受けた。12 月 8 日病状が急変、10 日天の御国へ凱旋。享年 37 歳であった。

矢尾板俊介兄　　　葬儀式次第

２０１５年１２月１４日（月）午後６時半

於　天川大島町　矢尾板宅

１５日（火）午前１１時

於　前橋キリスト教会

コリント人への手紙第二４章１６節～１８節

16 ですから、私たちは勇気を失いません。たとい私たちの外なる人は衰えても、内なる人は日々新たにされています。17 今の時の軽い患難は、私たちのうちに働いて、測り知れない、重い永遠の栄光をもたらすからです。18 私たちは、見えるものにではなく、見えないものにこそ目を留めます。見えるものは一時的であり、見えないものはいつまでも続くからです。

コリント人への手紙第二５章１節～４節

1 私たちの住まいである地上の幕屋がこわれても、神の下さる建物があることを、私たちは知っています。それは、人の手によらない、天にある永遠の家です。2 私たちはこの幕屋にあってうめき、この天から与えられる住まいを着たいと望んでいます。3 それを着たなら、私たちは裸の状態になることはないからです。4 確かにこの幕屋の中にいる間は、私たちは重荷を負って、うめいています。それは、この幕屋を脱ぎたいと思うからでなく、かえって天からの住まいを着たいからです。そのことによって、死ぬべきものがいのちにのまれてしまうためにです。

あかし

矢尾板俊介

私はクリスチャンに囲まれて育ちましたが、信仰は自分には関係のないものだと思っていました。それは、神様がいるなら、あまりに理不尽な世の中だと感じていたからです。冷たい言い方ですが、どこかで私は、不幸が起こるのは自業自得だと思っていました。だからこそ、周りは楽しんでいる２０代３０代も、私は若い間にきちんとした生き方をすれば道が切り開けると信じ、必死で頑張りました。自分の力だけを信じていたのです。

そして、３０代半ばになり、「やっと良い環境づくりができた。さあ、これからだ」というときに病気が見つかりました。本当に納得がいかない気持ちでした。内田先生と初めてお話しさせていただいたときにも、「自分は神の存在を信じない」とはっきり伝えたことを覚えています。

しかし、内田先生からいただいたたくさんの手紙や、片柳先生が訪ねてお話しくださったこと、また、お借りしたいろいろな本を読んだことなどの積み重ねにより、徐々に気持ちが変わってきました。

信仰を持つ前に思っていた、そうした理不尽さなどは、結果的に、人間の罪が作り出した理不尽さであると気づいたのです。私たちは、「自分さえ良ければよい」という思いや、うまくいかないことをすべて神様に押しつけています。神様は唯一変わらない御方で、私に気づかせるために愛をもって導いてくれていると分かりました。

今は、天の御国への希望をしっかり抱いています。神様への信頼が揺るがない信仰を持っています。神様がいつも共にいてくださることを確信し、純粋に神様を仰いでシンプルに前向きに生きていきたいです。

２０１５年１２月１５日

矢尾板俊介兄　葬儀式次第

司　式　　前橋キリスト教会　牧師　内田　和彦
奏　楽　　同教会　　オルガニスト　渡邊　博子

前　　奏
賛　　美　「いつくしみ深き友なるイエスは」
讃美歌３１２番　　一　同
祈　　り
聖　　書　マタイの福音書１１章２８節
コリント人への手紙第二５章１～４節
賛　　美　「愛する者は主のもとに」
教会福音讃美歌３３４番　　一　同
説　　教　「苦しみから栄光へ」
祈　　り
賛　　美　「主よ、みもとに近づかん」讃美歌３２０番　　一　同
頌　　栄　「父・み子・みたまの」　讃美歌５４１番　　一　同
終　　祷
後　　奏

・・・・・・・・・・・・・・・・・・・・

挨　　拶　　　矢尾板洋子
飾　　花
出　　棺

［お願い］キリスト教の葬儀は、故人の死を悼み、遺族への神の慰めを祈りつつ、生と死を司る神に礼拝をささげる時であります。また故人の霊は神のみもとにあります。したがって、遺体や遺影に拝礼することはいたしません。ご理解とご協力をよろしくお願いいたします。

マタイの福音書１１章２８節
　すべて、疲れた人、重荷を負っている人は、わたしのところに来なさい。わたしがあなたがたを休ませてあげます。

注

1 『世界の名著――アウグスティヌス』山田晶訳、中央公論社、一九七八年、五九頁。
2 星野富弘『いのちより大切なもの』いのちのことば社、二〇一二年、二四頁。
3 星野富弘『花よりも小さく』偕成社、二〇〇三年、九二頁。
4 同書、六四頁。
5 ダニエル・デフォー『完訳 ロビンソン・クルーソー』増田義郎訳、中央公論新社、二〇一六年、三一一～三一二頁の筆者による要約。
6 ポール・トゥルニエ『苦悩』山村嘉己訳、ヨルダン社、一九八三年、八～九頁。
7 ウォルター・フーパー編『影の国に別れを告げて』中村妙子訳、新教出版社、一九九〇年、一一七～一一八頁に引用。
8 V・E・フランクル『夜と霧』霜山徳爾訳、みすず書房、一九六一年、二〇五頁。
9 ジェームス・ドブソン『苦難の時にも』ファミリー・フォーラム・ジャパン、一九九七年、二九〇～二九一頁。

あとがき

矢尾板俊介さんに生前お送りした四十一通の手紙は、私のパソコンにずっと眠っていました。それが眼を覚ましたのは今年の三月です。コロナ禍で開けなくなった奥多摩福音の家での聖書セミナーを、昨年と同じように録画して希望者にお届けしたいという連絡をいただき、「はて、今年は何についてお話ししたらよいのだろうか」と祈り考えたとき、この一連の手紙を思い出したのです。

奥多摩福音の家のディレクターの牧野広隆先生に、

「私たちは勇気を失いません――病と闘う青年に宛てた41通の手紙」

というタイトルで、手紙をすべて朗読するのはどうでしょうか、とメールを送りました。そして、次のようなコメントをつけました。「これまでとだいぶ趣が変わりますが、祈り考えた結果、数年前、三十代の若さで早逝した一人の青年に毎週書き送った手紙を紹介したいと思います。初め『神を信じない』と言っていた彼は、やがて信仰に導かれ、受洗し、召されていきました。様々な苦しみの中に生きておられる方々に、何らかの励ましになればと思います。」

この提案に、牧野先生からは「興味深いテーマだと、私の周辺でＤＶＤを楽しみにする声が上がっています」という返信をいただきました。

前後して矢尾板夫妻に連絡をし、「ご子息に宛てた手紙を、朗読というかたちで一般公開することをお許しいただけると感謝なのですが……」とお伝えしたところ、同意も同意、とても積極的なお答えをいただきました。

収録のため、すべての手紙をプリントし、読み返しました。読みながら、矢尾板俊介兄を愛しておられる神様が、私を導いて、これらの手紙を書かせてくださったのだ、と実感しました。そして、これは俊介さんのためだけではない。奥多摩のセミナーに参加を希望する方々のためだけでもない。同じように病に苦しみ、恐れと不安の中にある方々に、いえ、人生の終わりを意識しているすべての方々に読んでいただきたい。そんな思いに導かれたのです。

そこでもう一度、矢尾板家に電話しました。そして、今度も二つ返事で快諾いただきました。こうして、いのちのことば社から出版していただくことになった次第です。


いくつか、お断りしなければなりません。第一に、聖書からの引用のこと。矢尾板俊介兄に手紙を書いたのは二〇一五年。「聖書・新改訳２０１７」はまだ出来上がっていませんでした。そのため、本書における聖書からの引用はすべて「新改訳聖書第三版」からのものです。本書のタイトルに採用させていただいた「私たちは勇気を失いません」は、新約聖書・コリント人への手紙第二、四章一六節の言葉です。新改訳２０１７では「私たちは落胆しません」となっています。

　第二に、引用箇所のこと。論文であれば、当然出典を明らかにし、何頁からのものか記さなければなりません。本書の出版にあたって、それを本文に書き加える可能性もありましたが、できるだけ俊介さんに書き送った手紙を、そのままのかたちで読んでいただきたいので、このあとがきの前に、いくつか出典をお示ししたいと思います。ただし、厳密な引用というより、私自身が内容をまとめているものは（『ロビンソン・クルーソー』は別として）、そこに加えてありません。

　第三に、手紙の中で、何人か教会関係の方々のお名前に言及していますが、本書では、俊介さんのために祈りを共にした、当時の副牧師・片柳百合子先生（現・大泉聖書教会牧師）は別として、他の方々のお名前は、アルファベット一文字で記させていただきました。

　第四に、一か所、矢尾板俊介兄に書き送った手紙の文面を書き換えたところがあります。書籍として出版され、様々な背景を持つ方々にお読みいただくと、誤解を招くことになるかもしれないと思われた例話を、同じ主旨のものに換えました。

　最後に、四十一通の個人的な手紙の出版を快く引き受けてくださった、いのちのことば社の方々、特に長沢俊夫氏に心からの感謝を申し上げます。

　本書を通して、一人でも多くの方々が、生きる勇気、また人生の終わりに臨む勇気を神から与えられることを祈ります。

二〇二一年六月二十五日

内田和彦

＊ブルーレイディスク版『私たちは勇気を失いません――病と闘う青年に宛てた41通の手紙』〈著者による朗読映像〉一枚・収録時間 約五時間　価格六六〇〇円（税込）
発売　奥多摩福音の家
申込・問合せ先　「奥多摩福音の家」ＨＰより。https://ofi.camp/

＊聖書 新改訳 ©1970, 1978, 2003 新日本聖書刊行会

私たちは勇気を失いません

―病と闘う青年に宛てた 41 通の手紙―

2021年9月10日 発行
2024年1月10日 4刷

著 者 内田和彦

印刷製本 日本ハイコム株式会社

発 行 いのちのことば社
〒164-0001 東京都中野区中野2-1-5
電話 03-5341-6922（編集）
03-5341-6920（営業）
FAX03-5341-6921
e-mail:support@wlpm.or.jp
http://www.wlpm.or.jp/

ISBN 978-4-264-04286-0